KB182916

글·그림 김모락

1999년 만화계에 입문하여 학습 만화 전문 작가로 활동 중입니다. 어린이들이 더욱 재미있고 신나게 새로운 것을 배울 수 있도록 노력하고 있습니다. 대표작으로《과학 학습—큐이 과학 실험 배틀》,《펀 펀 과학 공포》,《웅진 교과 학습》,《경제 시리즈》등이 있습니다.

감수 경기초등사회과연구회
진로 탐색 감수 이랑(한국고용정보원 전임연구원)
추천 송인섭(숙명 여자 대학교 명예 교수)

 세계 인물

무함마드 유누스

개정판 1쇄 인쇄 2024년 11월 15일
개정판 1쇄 발행 2025년 1월 1일

글·그림 김모락

펴낸이 김선식
펴낸곳 다산북스

부사장 김은영
어린이사업부총괄이사 이유남
책임편집 박세미 **디자인** 김은지 **책임마케터** 김희연
어린이콘텐츠사업1팀장 박정민 **어린이콘텐츠사업1팀** 김은지 박세미 강푸른
마케팅본부장 권장규 **마케팅3팀** 최민용 안호성 박상준 김희연
편집관리팀 조세현 김호주 백설희 **저작권팀** 이슬 윤제희 **제휴홍보팀** 류승은 문윤정 이예주
재무관리팀 하미선 김재경 임혜정 이슬기 김주영 오지수
인사총무팀 강미숙 이정환 김혜진 황종원
제작관리팀 이소현 김소영 김진경 최완규 이지우 박예찬
물류관리팀 김형기 김선민 주정훈 김선진 한유현 전태연 양문현 이민운

출판등록 2005년 12월 23일 제313-2005-00277호
주소 경기도 파주시 회동길 490
전화 02-704-1724 **팩스** 02-703-2219
다산어린이 카페 cafe.naver.com/dasankids **다산어린이 블로그** blog.naver.com/stdasan
종이 신승INC **인쇄** 북토리 **코팅 및 후가공** 평창피앤지 **제본** 대원바인더리

ISBN 979-11-306-5809-4 14990

• 책값은 표지 뒤쪽에 있습니다.
• 파본은 본사와 구입하신 서점에서 교환해 드립니다.
• 이 책은 저작권법에 의하여 보호를 받는 저작물이므로 무단 전재와 복제를 금합니다.
• 이 책에 실린 사진의 출처는 셔터스톡, 위키피디아, 연합뉴스 등입니다.

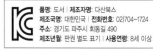

품명: 도서 | **제조자명:** 다산북스
제조국명: 대한민국 | **전화번호:** 02)704-1724
주소: 경기도 파주시 회동길 490
제조년월: 판권 별도 표기 | **사용연령:** 8세 이상

※ KC마크는 이 제품이 공통안전기준에 적합하였음을 의미합니다.

무함마드 유누스

Muhammad Yunus

다산
어린이

자신만의 멘토를 만날 수 있는
who? 시리즈

다산어린이의 〈who?〉 시리즈는 어린이들은 물론 어른들에게도 재미와 감동을 주는 교양 만화입니다. 〈who?〉 시리즈는 전 세계 인류에 영향력을 끼친 인물들로 구성되었으며 인물들의 삶과 사상을 객관적으로 전해 줍니다.

이처럼 다양한 나라와 분야에서 활약한 위인들의 이야기를 통해 과학, 예술, 정치, 사상에 관한 정보는 물론이고, 나라별 문화와 역사까지 배우게 될 것입니다. 〈who?〉 시리즈의 가장 큰 장점은 위인들이 그들의 삶에서 겪은 기쁨과 슬픔, 좌절과 시련, 감동을 어린이들이 함께 느낄 수 있다는 것입니다. 어린이들은 이 책을 읽으면서 폭넓은 감수성을 함양하게 됩니다.

〈who?〉 시리즈의 어린이 독자들이 책 속의 위인들을 통해 자신만의 멘토를 만나 미래의 세계적인 리더로 성장하기를 진심으로 응원합니다.

존 덩컨 미국 UCLA 동아시아학부 교수

존 덩컨(John B. Duncan) 교수는 한국학 분야의 세계적인 석학으로 미국 UCLA 한국학 연구소 소장 및 동 대학의 동아시아학부 교수를 겸직하고 있습니다. 하버드 대학교 교환 교수와 고려 대학교 해외 교육 프로그램 연구센터장을 역임했으며, 주요 저서로는 《조선 왕조의 기원》, 《조선 왕조의 시민 행정의 제도적 기초》 등이 있습니다.

세상을 더 나은 곳으로 만든
사람들의 이야기

　어린이들은 자라면서 수많은 궁금증을 가지게 됩니다. 그중에서도
"저 사람은 누굴까?"라는 질문은 종종 아이들의 머릿속을 온통 지배해
버리기도 합니다. 다산어린이에서 출간된 〈who?〉 시리즈는 그런 궁금증을
해결해 주기 위해 지구촌 다양한 분야의 리더들을 소개하고 있습니다.

　〈who?〉 시리즈에 등장하는 인물들은 인종과 성별을 넘어 세상을 더
나은 곳으로 만든 사람들입니다. 어린이들은 이 책에서 디지털 아이콘으로
불리는 스티브 잡스는 물론 니콜라 테슬라와 같은 천재 발명가를 만날 수
있습니다.

　책 속 주인공들의 어린 시절 이야기를 통해 기쁨과 슬픔, 도전과
성취감을 함께 맛보고, 그들과 함께 성장하면서 스스로 창조적이고 인류에
도움이 되는 사람이 되겠다는 포부와 자신감을 갖게 될 것입니다.

　〈who?〉 시리즈 속에서 다채롭고 생동감 넘치는 위인들의 이야기를
만나 보세요.

에드워드 슐츠 하와이 주립 대학교 언어학부 교수

에드워드 슐츠(Edward J. Shultz) 하와이 주립 대학교 언어학부
교수는 동 대학의 한국학센터 한국학 편집장을 역임한 세계적인
석학입니다. 평화봉사단 활동의 하나로 한국에서 영어 교사로 근무한
경험이 있으며, 현재 한국과 미국, 일본을 오가며 활발한 활동을
펼치고 있습니다. 저서로는 《중세 한국의 학자와 군사령관》,
《김부식과 삼국사기》 등이 있고, 한국 중세사와 정치에 대한 다수의
기고문을 출간했습니다.

미래 설계의 힘을 얻는 길이 여기에 있습니다

어린이가 성장하는 시기에는 스스로 미래를 설계하며 다양한 책을 접하는 경험이 필요합니다.

어린 시절 만난 한 권의 책이 인생에 미치는 영향이 얼마나 큰지는 꿈을 이룬 사람들의 말을 통해서 알 수 있습니다. 빌 게이츠는 오늘날 자신을 만든 것은 동네의 작은 도서관이었다고 말하고, 오프라 윈프리는 어린 시절 유일한 친구는 책이었음을 고백하며 독서의 중요성에 대해 이야기합니다.

꿈을 이룬 사람들의 공통점은 또 있습니다. 그들에게는 어린 시절, 마음속에 품은 롤 모델이 있었습니다. 여러분의 롤 모델은 누구인가요? 〈who?〉 시리즈에서는 현재 우리 어린이들이 가장 닮고 싶어하는 롤 모델을 만날 수 있습니다. 버락 오바마, 빌 게이츠, 조앤 롤링, 스티브 잡스 등 세상을 바꾼 사람들의 감동적인 이야기를 담은 〈who?〉 시리즈는 어린이들이 구체적인 목표를 설정하고 희망찬 비전을 세울 수 있도록 도와줄 친구이면서 안내자입니다. 〈who?〉 시리즈를 통하여 자신의 인생 모델을 찾고 미래 설계의 힘을 얻을 수 있습니다.

송인섭 숙명 여자 대학교 명예 교수

숙명 여자 대학교 명예 교수이자 한국영재교육학회 회장으로
자기주도학습 분야의 최고 권위자입니다. 한국교육심리연구회
회장, 한국교육평가학회장, 한국영재연구원 원장을 역임했습니다.
자기주도학습과 영재 교육의 이론을 실제 교육 현장에 적용하기 위해
노력하고 있습니다.

평생을 이끌어 줄
최고의 멘토를 만날 수 있는 책

10대에 가장 중요한 것은 무엇일까요? 학과 공부와 입시일까요? 우리나라 최초의 국제회의 통역사로 30년 동안 활동하면서 글로벌 리더들을 만날 기회가 수없이 많았던 저는 대한민국의 초등학생들에게 특별한 조언을 해 주고 싶습니다. 그것은 큰 꿈을 가지는 것이 무엇보다 중요하다는 것입니다.

꿈은 힘들고 지칠 때 나를 이끌어 주는 힘이고 내 인생의 주인이 되어 일어설 수 있게 하는 원동력이 되어 줍니다. 꿈이 있는 아이가 공부도 잘하고 결국 그 꿈을 실현할 수 있게 되는 것입니다. 저 역시 어린 시절 품었던 꿈이 지금의 자리에 있게 한 원동력이었습니다. 남들이 모르는 큰 꿈을 마음속에 간직하고 있었기에 괴롭고 힘들어도 포기하지 않고 다시 일어설 수 있었습니다.

어린 시절 저에게도 힘들고 지칠 때마다 용기를 불어넣어 주고 힘이 되어 주었던 분들이 있었습니다. 지금의 자리로 저를 이끌어 준 멘토들처럼 〈who?〉 시리즈에서 여러분의 친구이자 형제, 선생이 되어 줄 멘토를 만날 수 있기를 바랍니다.

최정화 한국 외국어 대학교 교수

우리나라 최초의 국제회의 통역사로 현재 한국 외국어 대학교 통번역대학원 교수로 재직 중입니다. 세계 무대에서 자신의 꿈을 이룬 여성 신화의 주인공으로, 역시 세계에서 꿈을 펼치려고 하는 청소년들에게 멘토로서의 역할을 충실히 하고 있습니다. 저서로는 《외국어 내 아이도 잘할 수 있다》, 《외국어를 알면 세계가 좁다》, 《국제회의 통역사 되는 길》 등이 있습니다.

차 례

추천의 글 4

1 치타공의 꼬마 영웅 12

통합 지식✚ 1 무함마드 유누스의 성공 열쇠 34

2 책벌레와 어머니 38

통합 지식✚ 2 유누스의 고향, 방글라데시 52

3 레일 위의 보이 스카우트 56

통합 지식✚ 3 세계의 가난한 나라들 78

4 경제학자의 눈물 82

통합 지식✚ 4 빈곤을 연구하는 학자들 102

Muhammad
Yunus

5 그라민 은행의 첫 실험 106
통합 지식➕ 5 그라민 은행 128

6 치타공의 기적 132
통합 지식➕ 6 빈곤 퇴치에 나선 단체 156

7 전 세계가 인정한 은행가 160

어린이 진로 탐색 은행원 180
연표 188 / 찾아보기 190

무함마드 유누스

세계에서 가난한 나라로 손꼽히는 방글라데시에서 태어나,
어려서부터 가난한 사람들에 대해 따뜻한 관심을 갖게 됩니다.
어느덧 경제학자가 된 그는 가난이 없는 삶을 꿈꾸고 이를 실현할
방법을 찾으려 합니다. 유누스는 어떻게 많은 사람들을 가난에서
벗어날 수 있도록 도왔을까요?

- 이름: 무함마드 유누스
- 생몰년: 1940년~
- 국적: 방글라데시
- 직업·활동 분야: 경제학
- 주요 업적:
  2006년 노벨 평화상 수상

살람

무함마드 유누스와 세 살 터울인 형으로 어린 시절을 늘 함께했습니다. 특히 책 읽는 것을 좋아해서 유누스와 같이 읽을거리를 찾아 다녔고, 이렇게 얻은 지식은 훗날 유누스가 사회 문제에 관심을 갖는 데 영향을 주었습니다.

마부브

학창 시절 무함마드 유누스와 보이 스카우트 활동을 통해 만나 좋은 친구가 되었습니다. 유누스가 미국에서 돌아와 가난한 사람들을 위한 은행을 만들자 은행의 운영을 돕습니다.

들어가는 말

빈곤층이 자립할 수 있도록 그들에게 돈을 빌려주는 '가난한 사람을 위한 은행가' 무함마드 유누스에 대해 알아봐요.

가난의 원인을 찾고, 이를 몰아내기 위해 노력한 사람 또는 단체에 대해 살펴봅시다.

오늘날 은행원이 하는 일에 대해 알아봐요.

1 치타공의 꼬마 영웅

무함마드 유누스는 1940년 6월 28일, 당시는 인도에 속해 있던 동파키스탄의 바투아에서 14남매 중 셋째 아들로 태어났습니다.

삐걱

삐걱

살람 형,
아버지 올라오셔!

알겠어. 얼른
공부하는 척하자.

아버지 둘라미아는 보석상을 운영했습니다. 그는 독실한 이슬람교도로 자식들의 교육에 특히 엄격했습니다.

아버지와 달리 어머니 소피아 카툰은 온화하고 다정한 분이었습니다. 유누스는 그런 어머니를 잘 따랐습니다.

많은 형제 사이에서 자란 탓에 유누스는 이해심이 많고 배려심이 깊었습니다. 그래서 친구들 사이에서도 인기가 많았습니다.

유누스는 항구 도시인 치타공에서 어린 시절을 보냈습니다.

이 녀석들이 마을 외곽 지역을 서성거리고 있었소!

억울해요! 놀다 보니 어쩌다 거기까지 간 것뿐이라고요.

얘들아, 거긴 위험하다고 했잖아.

다 큰 녀석들을 집에 가둬 놓을 수도 없고. 이거 원!

형, 아버지는 왜 그곳에 못 가게 하실까?

위험하고 더러운 동네라잖아. 병도 옮을 수 있대.

어떤 사람들이 어떻게 살고 있는지 내 눈으로 확인하고 싶어.

궁금해서 견딜 수가 없다고!

맞다! 내일 아버지 기도하러 가시는 날이지?

뭐? 너 설마……

벌떡

다신 없을 기회야.

아버지가 오시기 전에만 집에 도착하면 되잖아.

난 빠질래. 또 혼나기 싫어.

에이, 그러지 말고 같이 가자. 응?

유누스는 아버지가 외출한 틈을 타 외곽 지역에 나가 보기로 합니다.

이 녀석들, 책 읽고 있었구나?

열심히 공부하고 있어라.

네, 아버지.

걱정 마시고 다녀오세요.

상상하지도 못했던 외곽 지역 빈민들의 처참한 생활에 유누스 형제는 큰 충격을 받았습니다.

그만
달라붙으라니까!

신경 쓰지 말고
어서 가!

이거 놔요!
아이가
넘어졌잖아.

그 돈 제가
갚을게요!

응?
뭐야?

이 아이는 제 친구예요.

형님. 저 녀석, 윗동네 보석상 집 아들입니다.

그래?

부잣집 아들이라 배포 하나는 두둑하군.

하지만 네 용돈으로는 어림없을걸!

그건 걱정 말고 액수만 말하세요.

흠.

놔줘라.

네에?

혀, 형님……

얘들아!

됐지?

네.

네가 갚을 돈은
삼천 *타카다.
사흘 주겠어!

삼천 타카?

우리 가족
한 달 생활비보다
큰돈이야.

알고 있어.

시간을 못 지키면 네 아버지를
찾아가 두 배로 받겠다.
알겠나?

......

꼬마라도 거래는
확실히 해야지?
이름을 적어라.

!

흑흑흑,
정말 고맙구나.
네 덕분에
살았어.

일어나세요.

그런데 그런
큰돈을
구할 수 있니?

우리 때문에
네가
다치기라도
하면…….

걱정 마. 아버지께
말씀드리면 분명
도와주실 거야.

고맙다. 사실
어떻게 돈을 갚을지
막막했거든.

용기 있는 아이네요.

어른인 우리보다
나아요.

난 샤말란이라고 해.
이 은혜 꼭 갚을게.

내 이름은
무함마드
유누스야.

*타카: 방글라데시의 화폐 단위. 1타카는 현재 우리나라 돈으로 약 14원 정도.

탁탁탁

아버지, 죄송해요.

하지만 지금은 이 방법밖에 없어요.

아니, 반지가!

유누스가 밤에 금고에서 나오는 걸 본 사람이 있대요.

여, 여보.

흠.

이 녀석, 아버지 반지에 손을 대다니. 대체 어쩌려고!

여보, 유누스가 돌아오면 내 사무실로 데려와요.

어제 우리 집에서 귀한 반지 하나가 없어졌다.

20년 넘게 나를 믿고 일을 맡긴 *지주의 딸 결혼식 예물이었지.

*지주 : 자신이 소유한 토지를 남에게 빌려주고 지대를 받는 사람

오후에 경찰들이
우리 집으로
들이닥쳤다.

내게 결혼식을 망친
책임을 묻겠다고
하더구나.

……

아버지는 가족 사이의 믿음이 한꺼번에 무너져
내리는 것 같은 절망감에 마음이 괴로웠습니다.

지금이라도
솔직히 말한다면
용서해 주겠다.

유누스,
어서…….

빨리 용서를
빌어,
이 녀석아.

잘못했어요.
아버지.

제가……
그 반지를 훔쳤어요.

털썩

27

유누스,
엄마는 언제나
널 믿는단다.

하지만 도둑질은
나쁜
일이야.

아버지께 사실대로
말씀드리고 용서를
구하자꾸나.

엄마……

사랑하는 어머니의 설득에도
유누스의 마음은 흔들리지
않았습니다. 자신의 행동을
후회하지 않기 때문입니다.

정말 돈을
구해 왔구나.

흑, 네가
우리 가족의
은인이다.

사실대로 말하면
샤말란 가족이
위험해질 거야.

그해 여름이 지나가고 또 다른 여름이
찾아왔습니다. 반지 도난 사건도 어느덧
가족들의 기억에서 사라지고 있었습니다.

계세요?

누구세요?

그러던 어느 날, 예상치 못한 손님들이 찾아왔습니다.

안녕하세요?
전 유누스 친구
샤말란이에요.

이쪽은
제 동생과
어머니고요.

안녕하세요?

두 분이 유누스의
부모님이시군요.

네?

유누스 덕에 저와 딸이
노예 신세를 면할 수
있었답니다.

무슨 일인지는 모르겠지만
일단 들어오세요.

와하하!
샤말란, 너 엄청
튼튼해졌구나!

히히,
네 덕분이야.

샤말란의 어머니는 유누스의 부모님께 1년 전에 있었던 일을 자세히 이야기했습니다.

유누스가 준 돈으로

빚을 갚고, 남은 돈으로 *황마를 샀어요.

황마로 노끈과 카펫을 짜서 내다 팔았죠.

그렇게 번 돈으로는 씨앗을 사서 황마를 길렀답니다.

이것은 유누스가 반지를 팔아 빌려준 돈의 절반입니다.

나머지 반은 올해 안에 꼭 갚겠습니다.

영원히 빚을 못 갚을 줄 알았는데……

그건 형의 편견이지!

그제야 유누스의 부모님은 반지 도난 사건의 실체를 알 수 있었습니다.

기특한 우리 아들!

그런 일이……

유누스는 우리 가족의 영웅이에요!

흠.

*황마: 열대 지방에 사는 식물로 줄기는 삼베 실을 만드는 데에 쓰임

유누스,
왜 처음부터
말하지 않았니?

……

제가 사실대로 말했다면
반지를 찾기 위해
샤말란에게서 돈을 다시
찾아오셨을 테니까요.

그럼
샤말란의
가족은
노예로 팔려
갔겠죠.

아버지는 어리지만 속 깊고 정의로운 마음을 가진
아들이 한없이 대견스러웠습니다.

녀석.

너의 마음 씀씀이는
충분히 칭찬할
만하다.

하지만 그 일로 우리는
오랫동안 공들여 쌓은
신용을 잃었단다.

좋은 일을
위해서라도 누군가의
마음을 다치게 해선
안 돼.

반지의 주인뿐 아니라, 우리 가족 사이의 믿음도 허물어지고 말았지.

끼룩

끼룩

다음부턴 좀 더 신중히 행동하거라.

네, 아빠!

치타공에서의 경험은 유누스에게 많은 가르침을 주었습니다. 어려움을 모르던 꼬마 유누스는 가난하고 힘없는 사람에게도 관심을 기울일 줄 아는 정의로운 소년으로 자라났습니다.

바닷바람이 시원하구나.

무함마드 유누스의 성공 열쇠

무함마드 유누스는 유복한 집안에서 태어나 좋은 환경에서 높은 수준의 교육을 받고 교수가 되었습니다. 하지만 안락한 삶을 뿌리치고 빈민들이 자립하도록 돕는 삶을 선택합니다. 1983년 '그라민 은행'을 설립하여 제도권 금융으로부터 소외된 방글라데시의 빈민들에게 담보나 보증 없이 소액 신용 대출을 해 줌으로써 그들이 스스로 운명을 개척하도록 도와주었어요. 이러한 마이크로크레디트(microcredit) 운동은 빈곤 퇴치 운동의 모범이 되어 세계 각국으로 전파되었습니다.
무함마드 유누스는 과연 어떻게 이러한 위대한 일을 해낼 수 있었을까요?

무함마드 유누스(1940년~)는 가난한 사람을 위한 은행가라 불립니다.

하나 독서

어린 시절 유누스는 책벌레라 불릴 만큼 책 읽기를 무척 좋아했습니다. 당시는 책을 구하는 것이 쉽지 않았습니다. 그래서 잡지를 1년 동안 무료로 보기 위해 거짓 편지를 보내고, 돈이 생기면 덥석 책을 사 버려 부모님께 혼이 나기도 했습니다.
또한 사회에 대한 관심도 많아 세 살 많은 살람 형과 매일 동네 병원에 들러 대기실에 놓여 있는 시사 잡지를 읽곤 했습니다. 이렇게 유누스는 학교에서 배우는 교과서만 보던 일반 아이들과 달리 책이나 잡지에서 많은 것들을 배웠습니다. 이러한 남다른 독서는 유누스가 타인에 대한 배려와 가난한 사람에 대한 연민을 가질 수 있도록 도와주었고, 올바르고 냉철한 시각으로 세상을 바라보는 방법을 배울 수 있도록 했습니다.

어릴 적에 몸에 붙은 독서 습관은 평생을 즐겁게 한답니다.

둘 따뜻한 통솔력

어린 시절 유누스는 어떤 시련 속에서도 유머를
잃지 않는 긍정적인 아이였습니다. 특히, 유누스가
아홉 살이 되던 해 찾아온 어머니의 정신병은
유누스에게 커다란 시련이었습니다. 그러나
유누스 남매는 '오늘은 맑음', '오늘은 흐리고 비'
등 일기 예보로 어머니의 상태를 표현하는 기지를
발휘해서 서로의 마음을 달래 주었습니다.
여러 명의 동생들을 보살피며 통솔력을 배웠기
때문인지 유누스는 보이 스카우트 활동에서도
대장을 맡게 되었습니다. 이를 통해 도덕심과
봉사 정신, 이웃에 대한 사랑을 실천하는 법을
배울 수 있었답니다. 특히 보이 스카우트 활동
중 참여했던 제1회 파키스탄 전국 잼버리 대회를
통해서는 인도를 횡단하며 바깥세상에 대해
처음으로 눈을 뜨게 되기도 했습니다. 또한 이때
만난 친구 마부브는 이후 그라민 은행을 함께 이끌어
갈 동지가 되었습니다.

유누스가 태어난 치타공은 방글라데시의 항구 도시입니다.

자연 속에서 이루어지는 단체 생활을 통해 사회성과
잠재 능력을 계발할 수 있는 스카우트 활동

who? 지식사전

유누스의 스승, 게오르게스쿠

유누스는 미국 밴더빌트 대학교에서 공부하면서 저명한 경제학자 니콜라스 게오르게스쿠 뢰겐 교수의
강의를 들을 수 있었습니다. 비록 독재적이고 까다로우며 예외를 인정하지 않는 무서운 사람이었지만,
강의에 있어서는 최고의 교수였지요. 유누스는 게오르게스쿠 교수의 지도 아래 특별한 성격을 가진
집단의 경제 상황에 대해 연구했습니다. 이 경험을 통해 모든 집단에는 각각의 특성이 있으며, 그것을
파악하여 적절한 프로그램을 짜면 미래를 설계할 수 있다는 사실을 배웠어요. 이는 그라민 은행을
설립할 수 있는 계기 중 하나가 되었습니다.

니콜라스 게오르게스쿠
뢰겐 (1906~1994년)

셋 **과감한 결단력과 추진력**

서양의 합리적인 경제 이론이 조국을 살릴 수 있을 것이란
믿음을 가지고 있던 유누스는 미국에서 공부할 기회가
주어졌을 때 망설임 없이 유학길에 올랐습니다.
 열심히 공부한 결과 유누스는 경제학 학위를 받고 미국에서
교수로 일하게 되었습니다. 그곳에서 결혼하여 안락하고
풍족한 삶을 살고 있었지만, 유누스는 조국의 어려움을
모른 척하지 않았습니다. 그는 경제학자로서 방글라데시를
살리고자, 미국에서 이뤄 놓은 안락하고 풍족한 삶을
포기하고 귀국길에 오릅니다.
 방글라데시로 돌아와 치타공 대학에서 학생들을
가르쳤지만 현실은 나아지지 않았습니다. 그러던 1974년
어느 날, 방글라데시에 대기근이 닥쳐 굶어 죽는 사람이

방글라데시 농촌의 모습. 무함마드 유누스는 연구실
에서 벗어나 가난한 사람들이 사는 농촌에 직접 뛰어
들었습니다. © Balaram Mahalder

속출하는 일이 벌어집니다. 유누스는 학생들에게 경제 이론을
가르치는 것만으로는 가난한 사람들을 구제할 수 없다는 것을
깨닫고, 강의실에서 나와 가난과 직접 맞서기로 합니다. 먼저
그는 국민과 정치인에게 고하는 성명서를 발표했습니다.
학자와 정부 단체는 유누스가 뿌린 성명서를 보고 가난의
근본적인 구조나 배경에 관심을 갖게 되었답니다.
여기서 더 나아가 유누스는 학교에 앉아 고민만 하는 것에서
벗어나 가난한 사람들이 농사를 짓는 현장에 뛰어들어
문제점이 무엇인지 생각하고, 끊임없이 방법을 찾았어요.
처음에는 유누스의 의도와는 다르게 엉뚱한 사람들의 배를
불리기도 했고, 가난의 이유는 게으름이라는 것과 같은
편견에 마주치기도 했습니다.

유누스가 경제학을 가르친 치타공 대학의 모습
© Moheen Reeyad

하지만 유누스는 실패했던 이유를 분석해 또다시 다른
일을 시작했고, 이렇게 해서 그라민 은행이 시작되었어요.
그는 가난한 사람들을 위해 돈을 빌려줄 때는 담보를
잡아선 안 된다고 생각했어요. 이는 일반적인 은행 거래의

상식을 뒤엎는 것이었습니다. 많은 사람들은 은행에 수익이
나기는커녕 손해만 입을 거라고 생각했지만, 유누스는
이 방법을 밀고 나가며 자신의 생각을 발전시키고
다듬어 나갔습니다.

유누스가 유학을 가서 경제학 박사 학위를 받은
미국 밴더빌트 대학의 중앙 도서관

넷　성실과 믿음

조브라 마을에서 돈을 빌려주는 것으로 빈민
구제 활동을 시작한 유누스는 의외의 난관에
부딪혔습니다. 가난과 고리대금업자의 횡포에
지친 마을 사람들은 유누스를 믿지 않았고, 엄격한
이슬람 율법으로 인해 여성에게 말을 거는 것조차
쉽지 않았던 것이지요. 그러나 유누스는 진솔한 마음을 담아
믿음을 주려고 애썼습니다. 문전박대를 당하더라도 다음
날 또 찾아가 사람들을 설득했어요. 결국 유누스의
성실함은 사람들에게 믿음을 주었고, 굳게 닫힌
마음을 여는 열쇠가 되었습니다.
담보나 보증 없이 소액 신용 대출을 해 주는 것이
가난한 사람들에게 실질적인 도움이 된다는 것을
확신한 유누스는 본격적으로 은행을 세우려 했습니다.
처음에는 기존 제도권 은행들의 불신과 반대로 뜻을
이루기가 어려웠어요. 그는 이에 굴하지 않고 그라민
실험 은행을 성실히 운영해 성과를 보여 줌으로써
제도권 은행의 인정을 받았습니다. 이 과정에서 이슬람
전통을 무시한다는 오해를 받아 지역 남성들에게 습격을
받거나, 내란 중인 탕가일에서 게릴라에게 목숨의 위협을
받는 등 많은 위험에 처하기도 했습니다. 하지만 그때마다
유누스는 진솔한 마음과 성실함을 보여 줌으로써 그들의
믿음을 이끌어 낼 수 있었습니다.

2006년 노벨 평화상을 수상한 무함마드 유누스

2 책벌레와 어머니

일곱 살이 된 무함마드 유누스는 초등학교에 입학했습니다.

야, 조하르! 거기 서!

이얍, 잡았다!

으악!

우당탕

너 학교 안 가고 여기서 뭐 하냐?

아이고.

난 이제 학교 못 가. 우리 아버지가 팔을 다치셨거든.

그게 학교랑 무슨 상관인데?

허! 무슨 상관이냐고?

하긴, 부잣집 아들인 네가 알 턱이 없지.

아픈 아버지 대신 내가 일을 해서 돈을 벌어야 한단 말이야.

뭐?

이제 볼일 없지? 이만 일하러 가야 해서 말이야.

미안해. 난 그런 줄도 모르고……

이거 놔!

탁

유누스는 가난 때문에 공부를 포기하고 고된 일을 하는 친구를 보며 가슴이 아팠습니다.

내 몫까지 열심히 공부해, 유누스.

오늘 일은 비밀로 해 줬으면 좋겠다.

파키스탄의 초등학교에서는
교과 공부 외에 이슬람교의 교리나
여러 가지 사회의 규율을 가르쳤습니다.

SCHOOL

아, 지겨워.

어허!
집중!

딩동댕

야호,
수업 끝이다!

유누스는 교과 공부에는 큰 흥미가 없었습니다.
대신 책 읽기에 푹 빠져 있었지요.

얼른 가서
《셜록 홈스》
읽어야지!

그러나 당시는 책이 귀했던 때라 읽고
싶은 책을 구하기가 쉽지 않았습니다.

엄마아~

이 녀석,
또 뭘 부탁
하려고?

헤헤, 저도 잡지
구독해 주시면
안 돼요?

또 잡지
타령이니? 안 돼.

엄마, 잡지가 얼마나 유익한데요! 다른 세계도 알 수 있고 새로운 정보도 얻을 수 있어요.

어허! 아무튼 안 돼!

정 뭔가 읽고 싶으면 아버지 책을 보렴.

와, 아버지도 재미있는 책을 가지고 계세요?

*코란!

휴, 차라리 교과서를 읽겠어요.

잡지책이 읽고 싶었던 유누스는 꾀를 내었습니다.

형, 여기 편지를 보내서 당첨되면 잡지를 무료로 준대.

응모 기간이 지났잖아?

뭐야, 거짓말을 하자고?

방법이 있지! 당첨된 이름 중 하나를 골라서 이사를 했다고 말한 뒤, 우리 집 주소를 알려 주는 거야.

으하하! 정말 잡지가 왔네!

꾀는 적중했고, 유누스는 1년 동안 잡지를 무료로 볼 수 있었습니다.

야, 나도 좀 보여 줘.

흥, 거짓말쟁이랄 땐 언제고?

*코란: 이슬람교의 경전

세상에 관심이 많고, 새로운 정보에 늘 목말라했던 소년 유누스는 학교보다는 책과 잡지에서 더 많은 것을 배웠습니다.

카슈미르 분쟁발발

당시 인도와 주변 나라들은 각자 다른 종교 때문에 분쟁이 끊이지 않았습니다. 특히 인도와 파키스탄 사이의 카슈미르 지역은 싸움이 잦은 곳이었습니다.

카슈미르

서파키스탄

인도

동파키스탄
(현재 방글라데시)

인도에 살고 있는 우리 이슬람교도들이 심한 차별을 받고 있다는 소식 들었어요?

힘을 모아 맞서 싸워야 해요.

……

나도 빨리 어른이 되고 싶어.

이런 모습을 보며 유누스는 쓸모 있는 어른이 되어 조국에 보탬이 되겠다는 다짐을 했습니다.

형과 할아버지 댁에서 방학을 보내고 돌아오던 어느 날이었습니다.

에휴.

왜? 형은 집에 가는 게 좋지 않아?

아니, 며칠만 있으면 또 공부를 해야 하잖아.

실컷 놀았으니 이제 공부도 해야지.

뭐? 그런 말은 형인 내가 하는 거야, 이 녀석아.

책은 내가 형보다 많이 읽었을걸?

뭐? 쪼그만 게, 까불래?

으악! 잘못했어, 형!

아이고, 미친 아줌마가 사람 잡네!

무슨 소리지?

엄마!

기다려, 유누스.

여보, 일어나요. 그만 집에 갑시다.

허! 멀쩡하게 생겨 가지고 완전히 미친 여자잖아?

흑, 엄마.

대체 이게 무슨 일이야?

유누스가 아홉 살이 되던 해, 지혜롭고 인자하시던 어머니가 이유 없이 정신병에 걸리고 말았습니다.

엄마, 왜 그래요? 정신 차리세요.

너희가 없는 동안 갑자기 병에 걸리셨어.

오늘 아침에는 병원에 다녀오는 길이었단다.

그럼 엄마는 앞으로 어떻게 되는 거예요?

뾰족한 수가 없구나.

그저 최선을 다해 치료를 받는 것 외에는……

걱정할 거 없다. 엄마는 내가 돌볼 테니

모든 건 내게 맡기고 너희는 공부에 더욱 매진해라.

흑흑, 왜 이런 일이!

믿을 수가 없어요.

아아…….

엄마!

와락

아픈 거 아니죠?
내가 나쁜
꿈을 꾼 거죠?

유누스,
정신 차려.
누나야.

아…….
누나.

엄마는
어디 갔어?

아버지와
계셔.

네가 더 걱정이야.
사흘이나 누워
있었던 거 아니?

엄마의 병 말이야.
나을 수 있겠지?
누나, 그렇다고 말해 줘.

엄마의
병은 점점 더
깊어질 거야.

우리도 현실을
받아들여야 해.

이제 너는 더이상
어린애가
아니라고.

흑!

어머니의 병으로 인해 유누스는 새로운 사실을 알게 되었습니다.
그동안 어머니가 남몰래 가난한 사람들을 돕고 있었다는
사실입니다.

유누스, 우리 엄마가
민간요법으로 지은
약이야. 어머니 드려.

상태가 점점
나빠지시니
걱정이에요.

우리에게 음식을
나눠 주시는
유일한
분이었는데.

하늘도
무심하시지!

아, 그러셨구나.

고마워,
샤말란.

뭘. 너희 가족에게
받은 것에 비하면
아무것도 아닌데.

악마들아,
물러가라!

엄마!

어머니의 병은 날이 갈수록 심해졌습니다. 이름난
의사를 모두 찾아가 보았지만 헛수고였습니다.

엄마…….

유누스는 어머니가
아프다는 사실을 조금씩
받아들이고 있었습니다.
그리고 고통받고
소외받는 사람들에 대해
다시금 생각하게
되었습니다.

오늘부터 우리가 집안일을
나눠서 할 거야.
각자 자신 있는
부분을 말해 봐.

난 요리와 설거지를
맡을게.

집 안 청소는
나에게 맡겨.

시련을 겪으며 유누스는 더욱 단단하고
어른스러워졌습니다.

그럼 나는
동생들을
돌보겠어.

유누스의 고향, 방글라데시

방글라데시의 국기. 붉은 원은 떠오르는 태양을,
녹색은 방글라데시의 국토를 상징합니다.

방글라데시는 남부 아시아의 인도 북동부에 있는 나라로,
'벵골족의 나라'라는 뜻을 가지고 있습니다. 방글라데시의
정식 명칭은 방글라데시 인민 공화국(People's Republic
of Bangladesh)입니다. 남동쪽으로 미얀마, 남쪽으로
벵골만과 접하며, 나머지 지역은 인도와 접해 있어요.
방글라데시는 인구 밀도가 세계 1위로 매우 높고,
해외에서 받는 원조에 재정의 상당 부분을 의존해
왔습니다. 하지만 빈곤 타파를 위한 성장 정책을 꾸준히
펼쳤고, 2022년 4600달러 GDP에 달성했습니다. 이에
후발개도국의 반열에 올랐습니다.

방글라데시의 수도 다카

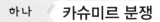

하나   카슈미르 분쟁

인도와 파키스탄은 원래 한 나라였지만, 영국
식민지 시절에 독립 운동을 하면서 사이가 나빠지기
시작했습니다. 힌두교도와 이슬람교도가 각각 따로
활동을 하면서 각 종교가 힘을 떨치고 있는 지역끼리

who? 지식사전

방글라데시 지도

방글라데시는 이런 나라!

- 위치: 인도 반도 북동부
- 경위도: 동경 9도, 북위 24도
- 면적: 148,560제곱킬로미터
  (남한 면적의 약 1.5배)
- 수도: 다카(Dhaka)
- 공용어: 벵골어
- 종교: 이슬람교, 힌두교
- 통화: 타카(Bangladesh Taka, TK)

서로 미워하게 되었기 때문입니다. 결국 두 지역은
1947년 힌두교를 믿는 인도와 이슬람교를 믿는
파키스탄으로 분리됩니다. 그런데 이 과정에서
카슈미르 지역이 문제가 되었습니다. 원래는
파키스탄에 포함되어야 맞지만, 이 지역의 힌두교를
믿는 지도자가 인도에 통치권을 넘기면서 전쟁이
일어나게 된 것입니다.
결국 이 전쟁은 두 나라 사이의 전쟁으로 번졌고,
유엔(국제 연합)의 중재로 1949년에 휴전했습니다.
그러나 전쟁이 끝난 뒤에도 지금까지 분쟁이 계속되고
있습니다.

인도령 카슈미르 분쟁

둘   방글라데시의 시작

동파키스탄과 서파키스탄은 인도를 사이에 두고 동서로
위치했는데, 종족, 언어 및 역사와 문화적 배경이
서로 다르기 때문에 자주 갈등을 일으켰습니다.
동서 파키스탄 사이의 갈등이 계속되던 중, 1970년
동파키스탄의 독립을 주장해 온 무지부르 라만의
아와미 연맹(AL)이 1971년 동부 지역에서 실시된 의회
선거에서 승리를 거두었습니다. 이후 동파키스탄
사람들은 인도로 이주하여 임시 정부를 세우고,
파키스탄으로부터 독립할 준비를 했습니다.
이들은 곧 스스로를 '방글라데시'라고 부르며 독립
선언을 하였고, 9개월간의 독립 전쟁을 치르게
됩니다. 인도의 도움을 받아 파키스탄 군대를 물리친
방글라데시 사람들은 1971년 12월 16일 독립된 국가로
세계 무대에 등장했습니다.

무지부르 라만(1920~1975년)은 방글라데시
건국에 핵심적인 역할을 한 정치인입니다.

방글라데시 독립 기념관 ⓒ Rsouravdas

셋 | 방글라데시의 이슬람 전통

방글라데시는 전체 인구의 약 91퍼센트가 이슬람교도이지만, 이들은 무슬림(이슬람교를 믿는 사람들)보다는 벵골족으로서의 자부심이 훨씬 강합니다. 그래서 정통 이슬람 국가에 비해 이슬람교의 규율을 엄하게 지키지 않는 편이에요.

방글라데시의 이슬람교도들은 하루에 다섯 번씩 기도하며, 휴일인 금요일에는 사원에서 기도(줌마, 나마즈)를 해요. 1년에 두 번 있는 이슬람교의 축제 이드(Eid) 기간은 정부에서 공휴일로 정하여 국가 전체적으로 명절 분위기를 느낄 수 있지요. 이 기간에는 가족이 한자리에 모여 전통과 율법에 따른 각종 의식을 행합니다. 귀성객들로 버스나 기차 터미널이 매우 붐비고, 모든 관공서와 상점도 문을 닫는답니다. 몸과 마음을 깨끗이 하고 경건하게 기도를 드리는 라마단 기간에는 해가 떠 있는 동안 아무것도 먹지 않습니다. 라마단은 한 달 동안 계속되는데, 이 기간 중에는 일하는 시간이 단축되고, 모든 경제 활동도 휴식 상태에 들어갑니다.

이슬람 명절인 이드를 맞아 고향으로 가기 위해 기차 지붕에 탄 사람들

넷 | 방글라데시의 자연재해

방글라데시는 홍수 피해가 많은 나라입니다. 브라마푸트라, 갠지스, 메그나의 세 강은 삼각주를 이루는데, 매년 이곳이 범람하여 방글라데시에 엄청난 자연재해를 가져옵니다. 홍수는 사회·경제·물리적인 고통을 안겨 주어 많은 것을 잃게 만들지요. 게다가 홍수로 인해 식수가 심각하게 부족해지면 여러 가지 질병이 발생하는데, 이것은 방글라데시에서

방글라데시에서는 릭샤(자전거로 만든 인력거)도 주요한 교통수단입니다.

어린아이들이 죽는 주된 원인이 됩니다. 빈민층은 물을 구하기 위해 떠돌다가 독사에 물려서 죽기도 합니다. 수해 기간 동안 아이들은 학교에 갈 수 없어 제대로 교육을 받을 수도 없습니다. 이렇듯 매년 반복되는 홍수 피해는 방글라데시의 발전을 가로막고 있습니다.

방글라데시의 우기(7~9월)에는 많은 비가 내려 국토의 대부분이 침수되곤 합니다. 사진은 브라마푸트라 평원을 따라 침수된 마을.

다섯   방글라데시의 현실

방글라데시 전체 인구의 절반이 하루 1달러 남짓한 수입으로 연명하고, 성인 두 명 가운데 한 명이 글자를 모를 정도로 문맹률이 높으며, 영아 사망이 빈번합니다. 이곳은 세계적으로도 손꼽히는 빈곤국입니다. 인구 밀도도 높아서 남한 면적의 1.5배 크기의 국토에 남한 인구의 약 3배에 달하는 1억 5,000만 명이 살고 있습니다. 때문에 일자리도 절대적으로 부족합니다.

방글라데시에서는 많은 어린이가 노동을 하고 있습니다. 다카의 쓰레기 처리장에서 쓰레기를 소각하고 있는 방글라데시 어린이의 모습입니다.

who? 지식사전

여성에 대한 이슬람 제도, 푸르다

방글라데시를 비롯한 몇몇 이슬람 국가의 여성들은 '푸르다'라는 제도 때문에 활동이 제한되어 있습니다. 파키스탄 말로 '커튼'을 뜻하는 푸르다는 남자의 활동과 여자의 활동 간에 상징, 물리, 그리고 실제적 구별을 의미하는데, 여자는 집 안에서만 지내고 특별한 목적으로 외출할 때는 남자 가족과 함께해야 합니다. 또 집 밖에서 일어나는 일은 모두 남자의 몫이라고 생각하기 때문에, 남자가 여성을 일하도록 가정 밖으로 나가게 하는 것을 수치스러운 것으로 여깁니다.

이슬람 여성을 그린 그림

3

레일 위의 보이 스카우트

집안 사정은 나아질 기미가 보이지 않았지만,
아버지의 말씀에 따라 유누스는 열심히 공부했습니다.

활동적이었던 유누스는 보이 스카우트 대원으로
적극적인 활동을 하였고, 그림 그리기에도
소질을 보였습니다.

유누스는 보이 스카우트에서 평생 친구이자 훗날 그라민 은행을 함께 이끌어 갈 마부브를 만나게 됩니다.

조용히 가던 길 가시지?

이 녀석은 또 뭐야?

괜찮니?

고마워.

유누스의 어머니가 아프신 것과 보이 스카우트 활동이 무슨 상관이지?

킥킥, 너희 엄마도 혹시 유누스 엄마처럼 미치셨냐?

이게 감히 누구를!

뻑

으악!

날 때렸어? 우리 아버지가 누군지 알고!

그딴 건 궁금하지도 않거든?

어디 두고 보자.

부모님 믿고 설치는 녀석들 보면 역겨워 죽겠다니까.

에이, 아까운 점심시간 다 망쳤네!

너 이름이 뭐니?

이거 섭섭한데?

대장이 단원 이름도 모르고.

아, 미안.

내 이름은 마부브야.

고맙다, 마부브.

수업 시작했는데 안 들어가?

으응, 가야지.

마부브······. 멋진 녀석이네.

모두 주목! 기쁜 소식이 있다.

우리 반에서 지역 모의고사 1등이 나왔다.

와아아아

무함마드 유누스! 앞으로 나오너라.

네가 치타공 지역에서 가장 좋은 성적을 받았어.

쳇.

제, 제가요?

이건 상장과 장학금이다. 잘했어, 유누스.

와 짝짝짝 짝

유누스는 힘든 상황에서도 언제나 자녀들의 교육에 힘쓰셨던 아버지를 기쁘게 해 드릴 수 있다는 생각에 가슴이 벅찼습니다.

야호!

아버지!

이 녀석아, 깜짝 놀랐잖아.

제가 1등을 했어요!

보세요. 장학금도 받았어요.

그게 정말이니?

장하구나, 내 아들!

아버지,
저 부탁이 있어요.

그래,
말해 보거라.

이렇게 좋은 날
뭐든 못
들어주겠느냐?

단,
한 가지만 빼고!

설마……

*잼버리 대회는
안 돼.

공부보다 더 중요한 게
좋은 사람을 만나고
세상을 배우는 거라고

그래도 집을
떠나는 것은 안 돼!
위험하단 말이다.

그렇지 않아요.
전 오히려 모험심이
생기는걸요?

올해는 인도를 횡단
한대요. 이런 기회가
언제 또 있었겠어요?

늘 말씀하셨잖아요.
저는 그런 것들을
보이 스카우트 활동에서
배우고 있다고요.

*잼버리 대회: 보이 스카우트의 야영 대회

허락해 주세요. 네?

흐음.

대신 위험한 일이 생기면 다시는 안 보내 줄 거야!

유누스가 1953년에 참가한 파키스탄 잼버리 대회는 평생 기억에 남게 됩니다.

폭 폭 폭 폭

굉장하지 않니? 우리가 인도를 횡단하다니.

응, 난 설레서 잠도 못 잤어.

랑푸루 역

모두 모였나?
이번 역에서
한 시간 쉬었다
간다.

모두
안전하게 이동하고!

네

출발 15분 전에
집합해라.

와아,
사람이 많네.

지금부터 정신
바짝 차려야 해.

응? 그게
무슨 말이야?

저길 봐. 벌써
구걸을 하려고
모여들잖아.

관광객들에게 음식이나 돈을 받으려는 거야.

그리고 보니 모두 가난한 사람들이구나.

아저씨, 배가 고파요. 먹을 것 좀 주세요.

저리 가지 못해?

난 치타공에만 가난한 사람이 많은 줄 알았는데

한 푼만 적선해 줍쇼.

앞으로 우리가 가는 곳 어디에서나 볼 수 있는 모습이야.

그곳에는 치타공 외곽에서 본 것과 같은 모습이 펼쳐져 있었습니다. 유누스는 마음이 무거워졌습니다.

이럴 수가.

거기 서라! 도둑 잡아요!

아야!

괜찮니?

털썩

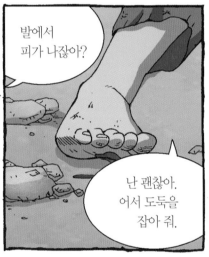

발에서 피가 나잖아?

난 괜찮아. 어서 도둑을 잡아 줘.

일단 피부터 멈춰야지.

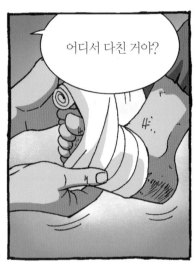

어디서 다친 거야?

아까 유리를 밟았나 봐.

돈이 없어서 신발도 사 신지 못하는구나.

유누스!

도둑은?

사람들 사이에
섞여서 놓치고
말았어.

나쁜 놈!
그게 어떤
돈인데!

하루에 16시간씩 노예처럼
일해 번 돈이라고!

그 돈이 없으면
우리 집 식구들은
굶어 죽어!

미안해.
우리가 잡았어야
했는데.

그나저나,
걸을 수는 있겠어?

유누스,
출발 시간 다 됐어.
그만 가자.

고마워.
나 혼자 갈 수
있어.

그래.

절룩

절룩

저기, 잠깐만.

야, 유누스! 듣고 있어?

으응?

무슨 생각을 그렇게 해?

미안. 무슨 일이야?

지금 네가 넋을 놓고 봐야 할 건 창밖에 있다고.

뭔데?

저게 바로 그 유명한 *타지마할이야.

와아!

*타지마할: 인도 이슬람 건축을 대표하는 건물. 인도 제국의 왕이 사랑하는 아내를 위해 지은 것으로 화려하기로 유명함.

멀리서 봐도 저렇게 아름다운데 직접 보면 어떨까?

우리 언젠가 꼭 가 보자.

유누스?

흠.

쳇, 뭐야. 이 녀석.

지진이라도 일어났나?

어? 이게 무슨 소리지?

방금 카슈미르에서 인도와 파키스탄의 전쟁이 일어났다.

그래서 카슈미르 역은 통과한다.

도시를 탈출하려는 사람들이 구름 떼처럼 몰려들었어.

여길 탈출해도 어차피 *난민으로 떠돌게 될 텐데.

치이이익

잦은 싸움은 난민을 만들었고, 그들은 뿔뿔이 흩어져서……

*난민: 전쟁이나 재난 등으로 생활이 어려워진 사람들

확실한 목표를 세운 유누스는 더욱 열심히 공부하기 시작했습니다.

쉬엄쉬엄해. 몸도 생각해야지.

벌써 시험이 다음 주야.

그 결과 유누스는 동파키스탄 최고의 학교인 다카 대학 경제학과에 수석으로 입학했습니다.

그리고 다카 대학을 졸업한 다음 해인 1961년부터 치타공 대학에서 경제학 강사로 학생들을 가르쳤습니다.

저 선생님이 21살이라며?

세상에! 멋지다.

그러나 유누스는 좀 더 넓은 세계를 경험하고 앞선 학문을 접하고 싶어했습니다.

이 나라를 바꿀 경제학자가 되기에 난 여전히 부족해.

이대로 현실에 안주할 수는 없다.

공부를 더 하고 싶다고? 젊은 학자답구먼.

총장실

장학생으로 선발되어 미국 대학에서 공부를 할 수 있게 된 유누스는 1965년, 안정된 자리를 버리고 유학길에 올랐습니다.

세계의 가난한 나라들

하나 짐바브웨

짐바브웨의 시장 풍경

짐바브웨는 아프리카 대륙의 중앙 남부에 있는 나라입니다. 영국의 지배를 받다가 1980년에 독립했지만, 민족 간의 싸움, 정치적인 문제 등으로 어려움이 계속되었습니다. 1990년대에는 에이즈(면역력이 극도로 낮아지는 병으로 사망률이 매우 높음)가 크게 유행하고, 2008년에는 콜레라로 4천 명이 넘는 사람들이 죽으면서 경제는 점점 더 어려워졌습니다. 게다가 정부의 부정부패로 인해 화폐 가치가 떨어져 물가가 천문학적으로 오르는 유례없는 인플레이션 현상으로 많은 국민들이 고통을 받았답니다. 인플레이션이 어찌나 심했던지 100조 달러 지폐가 발행되기까지 했어요. 짐바브웨 정부는 결국 7년간 자국의 화폐를 폐지하기에 이르렀습니다.

둘 콩고 민주 공화국

콩고 민주 공화국의 수도 킨샤사

콩고 민주 공화국은 1960년 벨기에로부터 독립하며 생긴 나라입니다. 다이아몬드나 코발트, 석유 같은 천연자원이 많고, 국토 면적도 넓어서 잠재력이 아주 높지요. 그러나 독재 정부의 부정부패 문제에 더해 석유 가격이 떨어지고, 주요 수출품인 목재의 채집이 줄어들면서 경제가 어려움을 겪기 시작했습니다.
무엇보다 30년간 계속된 내전은 국민들의 삶을 어렵게 만들었습니다. 이곳에서 벌어진 내전에 주변의 아프리카 국가가 참여했고, 많은 희생자를 낳았습니다. 때문에 콩고 내전을 아프리카의 제1차 세계 대전이라고 부르기도 합니다.

2000년대 들어서 가지고 있는 자원을 해외에 수출하면서 경제 성장률은 높아졌습니다. 하지만 오히려 매장된 자원을 두고 정부군과 반군이 갈등하며 문제가 생기기도 하고, 여전히 정부의 부패 지수가 높은 편입니다.

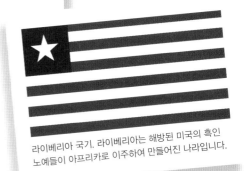

라이베리아 국기. 라이베리아는 해방된 미국의 흑인 노예들이 아프리카로 이주하여 만들어진 나라입니다.

셋 라이베리아

라이베리아는 미국의 노예 해방 선언 이후 흑인 노예들을 아프리카로 귀환시키면서 만들어진 나라입니다. 1847년에 미국에서 온 뒤, 아프리카 최초의 공화국이 되었지만 1인당 국내총생산량(GDP)이 약 500달러밖에 되지 않는 가난한 생활을 하고 있어요. 가난의 가장 큰 이유는 몇 년간 계속되었던 내전 때문인데, 내전이 계속되면서 많은 사람들이 죽거나 다쳤고, 살 곳을 잃었습니다. 실업률은 85퍼센트에 이르렀고, 하루 약 1달러 미만으로 생활하는 최저 빈곤층의 비율이 80퍼센트를 웃돌 만큼 경제가 어려워졌습니다. 하지만 내전이 끝난 후 민주 선거에 의하여 선출된 엘런 존슨설리프 대통령이 부패를 추방하고 국제기구로부터 지원을 받아 내어 경제를 활성화시키기 위해 노력하고 있답니다.

라이베리아 제24대 대통령 엘런 존슨설리프 (1938년~)

넷 부룬디

부룬디는 아프리카의 내륙 동쪽에 있는 나라예요. 산업에서 농업이 차지하는 비율이 90퍼센트 이상이며, 커피를 수출해서 외화를 벌어들이고 있습니다. 부룬디 역시 나라 안에서 일어난 싸움으로 경제가 어려워지기 시작했어요. 전체 인구의 14퍼센트밖에 되지 않는 투치족이 인구의 85퍼센트인 후투족을 지배하기 위한 부족 갈등으로 시작된 것이 지금까지 이어져 나라의 발전을 방해하고 있습니다.

부룬디의 수도 부줌부라

다섯   아프리카 대륙의 빈곤

아프리카 대륙 남부의 많은 나라가 가난한 이유에는
여러 가지가 있습니다. 그중 하나는 정부의 부정부패와
무능력입니다. 아프리카의 많은 나라가 독재 정권 아래
있습니다. 독재자들은 권력을 잡고 있는 동안 자신의
배를 불리는 데에만 급급했습니다. 그래서 기업은 정부에
아부하지 않고는 정상적인 활동을 할 수 없었고, 이것을
본 외국 투자자들은 아프리카에서 눈을 돌렸습니다.
상황이 점점 나빠지자 정치인들은 외국에서 많은 돈을
빌려와 경제를 살리려 노력했으나 경제는 더욱 어려움에
빠지게 되었어요.

르완다 학살로 희생된 사람들의 이름이 적힌 기념비. 아프
리카 르완다에서 후투족과 투치족의 갈등으로 벌어진 학살
로 약 80만 명이 사망하였습니다. ⓒ Fanny Schertzer

또 다른 이유는 종족 간의 싸움입니다. 19세기 무렵
영국, 프랑스, 에스파냐 등 유럽의 힘 있는 나라들은
자원이 풍부한 아프리카 대륙을 식민지로 삼기 위해
싸움을 벌였습니다. 그들은 발달된 무기와 군대를
앞세워 아프리카 대륙을 침공했습니다. 또 강대국끼리
전쟁을 벌여 아프리카 대륙을 나누어 가지기도
했는데, 그 과정에서 각 부족들의 특징을 생각하지
않고 자신들이 통치하기 편한 대로 경계선을 그어
버렸습니다. 이로 인해 한 부족이 다른 나라에 흩어져
살거나, 서로 오랜 적이었던 부족이 한 나라에 살게
되면서 아프리카 사람들은 수시로 충돌했습니다. 식민
통치에서 벗어난 후에도 이런 갈등은 계속되어 오랜
내전으로 번지게 되었습니다.

무료 급식소에서 음식을 받기 위해 줄 서 기다리는
아프리카의 어린이 ⓒ Shana Stine

여기에 지구 온난화와 환경 파괴로 사막화가 빨라지면서
먹을 것이 없어지고, 각종 질병이 더욱 빠르게 확산되고
있습니다. 국제 사회에서도 상황이 어려운 나라에
지원을 하고자 하지만, 적절한 정책이 뒷받침되지
못해서 쉽게 경제가 안정되기 힘든 상황입니다.

여섯   세계의 빈곤

산업 혁명 이후 빠르게 발전한 세계 경제로 인해
우리는 예전보다 훨씬 풍요로운 생활을 하게
되었습니다. 그러나 이런 발전 뒤에는 여전히 가난의
고통 속에서 하루하루를 살아가는 사람들이 있습니다.
세계은행(개발 도상국에 자금을 지원하는 국제 경제
기구)에 따르면 지구상에서 하루 1.90달러 미만으로
사는 사람들은 전 세계 약 7억만 명으로 추정된다고
합니다.

가난을 규정하는 데에는 여러 기준이 있지만,
국제기구나 경제학자들의 연구에서 흔히
사용되는 가난의 기준은 '절대적 빈곤'과 '상대적
빈곤'입니다. 절대적 빈곤은 기초적인 생활을
영위할 수 없는 정도의 소득으로 살아가는 사람을
말합니다. 상대적 빈곤은 기초적인 생활은
가능하지만, 개인이 속한 사회에서 평균 이하의
소득으로 살아가는 상태를 말합니다.

어떤 기준이든 빈곤은 인간답게 살아갈 권리를
빼앗거나, 사회적으로도 손실을 초래합니다.
가난이 계속되거나 생명을 위협할 정도가 될 경우
사회 전체의 안전성도 낮아지기 때문입니다.
그래서 정부나 국제 사회에서도 이 문제에
관심을 갖고 해결할 수 있는 정책을 만들려
하고 있습니다. 미국의 제프리 색스처럼 가난한
나라에 적극적으로 다가가 빈곤 퇴치 운동을 벌인
경제학자도 있고, 당장의 생계가 어려운 이들을
돕는 자원봉사자도 있습니다.

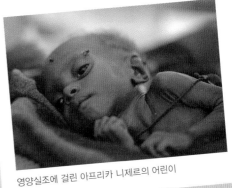

영양실조에 걸린 아프리카 니제르의 어린이

빈곤층을 돕기 위해 생필품과 의약품 등을 보내 주는
구호 단체

아프리카 인구의 절반이 절대적 빈곤에 시달리고
있습니다.

4 경제학자의 눈물

미국은 자유가 넘치는 나라였습니다. 유누스는 마음이 흔들릴 때마다 조국의 가난한 사람들을 떠올리며 더욱 열심히 공부했습니다.

유누스, 오늘도 공부냐? 좀 즐기면서 살라고.

그 결과 1969년 밴더빌트 대학교에서 경제학 박사 학위를 받고, 29세의 나이로 미국 미들테네시 대학교의 경제학 조교수로 임명되었습니다.

동파키스탄 독립 전쟁

1971년, 동파키스탄은 독립 전쟁에 승리해 방글라데시라는 나라를 세웁니다.

결국 독립했군.

이제 고국으로 돌아가 내가 여기에서 배운 경제 이론을 적용할 때야.

미국에서의 생활은 달콤하지만, 더 지체할 수 없다.

안 된다, 유누스. 이곳은 이제 막 전쟁이 끝나 혼란스러운 상황이야. 오지 말아라.

우리 민족은 지금껏 하루도 편할 날이 없었어.

그저 하루하루 근근이 살아갈 뿐이었지.

그래서 돌아가려는 거예요. 지금 방글라데시엔 저 같은 경제학자가 필요합니다.

결국 유누스는 8년의 미국 유학 생활을 정리하고 고국행 비행기에 몸을 실었습니다.

그동안 배운 경제학 이론이 방글라데시 경제에 도움이 될 거야.

치타공 대학으로 돌아온 걸 환영하네!

할 일이 많을 거야. 자네에게 거는 기대가 크네.

총장님께서 많이 지도해 주십시오.

한편, 치타공 대학의 교수로 있던 마부브는 친구가 돌아왔다는 소식을 듣고 한걸음에 달려왔습니다.

유누스! 이제 몇 년 만이야?

하하하, 그동안 잘 있었나?

그래, 미국 생활은 어땠나?

자유로웠지. 하지만 밖에 있으니 이곳의 가난한 사람들이 머릿속을 떠나지 않더군.

그래, 이곳은 10년 전과 다를 것이 하나도 없어.

그래서 우리 같은 경제학자의 역할이 더 중요해.

나도 같은 생각이야.

유누스는 방글라데시에 돌아오자마자 쉴 새도 없이 강의를 시작했습니다.

자, 여기 여덟 조각의 파이가 있습니다.

파이 한 조각은 한 사람의 목숨을 살릴 수 있습니다.

따라서 파이를 먹지 못한 사람은 죽을 수도 있겠죠?

그런데 지금 파이를 먹기 위해 기다리는 사람은 12명입니다.

여러분은 이 파이를 어떻게 나누겠습니까?

음.

……

저라면 먼저 오는 사람부터 차례대로 주겠습니다.

그러나 유누스의 자부심은 그리 오래 가지 못했습니다. 1974년, 거듭되는 홍수와 가뭄으로 방글라데시에 대기근이 닥쳤기 때문입니다. 이 일로 방글라데시 안에서만 한 달 동안 10만 명이 굶어 죽었습니다.

당신들만 잘 먹고 잘살면 다야? 내 아이는 사흘째 물도 마시지 못했다고!

조사를 위해 현장을 찾은 유누스는 눈앞에 펼쳐진 처참한 상황에 말할 수 없는 충격을 받았습니다.

믿을 수 없어! 이 많은 사람이 도대체 무슨 죄로 이런 고통을 받아야 한단 말인가!

우릴 도우러 온 거 아냐? 당장 먹을 것을 내놔!

교수님……

강의실 안에서는 수백만 달러가 오가는데,

길거리에선 고작 쌀 한 줌 살 돈이 없어 사람들이 죽어 가고 있구나.

죽 한 그릇, 아니 한 숟가락만 있었어도! 아이를 살렸을 텐데!

털

썩

내가 배운 수많은 경제학 이론이 이 상황에서 다 무슨 소용이란 말인가!

유누스는 교수라는 직업에 대한 회의감이 밀려왔습니다. 또 지식인으로서 자신이 한없이 부끄러웠습니다.

이 문제를 해결하기 위해서는 정부가 나서야 합니다. 제가 항의서를 써 보겠습니다.

그런다고 정치인들이 우리 말을 들어주겠나?

그럼 이대로 가만히 있자는 말씀이세요?

한 사람이라도 더 구하려면 일단 부딪혀 봐야지요!

아, 알겠네. 내가 같은 뜻을 가진 사람을 알아보겠네.

쾅

유누스는 정성을 다해 자신의 생각을 담은 항의서를 작성했습니다.

아아, 이것도 아니야!

결과는 성공적이었습니다. 며칠 후, 유누스가 쓴 글이 방글라데시 주요 신문의 1면을 장식한 것입니다.

이렇게 사태가 심각했다니!

국가적 재난
가가 나서라!

자네의 글로 인해 학자들과 정부 관료들의 생각이 바뀌고 있어.

빈민가로 들어가? 그게 무슨 소리냐, 유누스!

교수가 농촌에 가서 뭘 하겠다는 거예요!

이 일로 유누스는 놀라운 결심을 하게 됩니다.

자네의 뜻은 알겠지만 굳이 이래야만 하나?

농사를 짓고 싶어도
물이 부족하다네.

우물을
파야 하는데,
가난한 사람들은
엄두조차 내지 못할
일이죠.

저렇게 서로 싸우는
사이에 농사지을 땅은
점점 말라가는구나.

결국 가난한 사람들은
평생 농지를 찾아 떠돌거나
노예로 전락하고 말지.

치사해서
내가 굶어 죽고
말지!

흥,
잘 생각했네!

가난한 사람들이
왜 삶에 의욕이 없는지
알 것 같아.

유누스 일행은 가난한 사람들의 생활을
더 알아보기 위해 부둣가에 있는
마을로 내려갔습니다.

돈을 꿔 갔으면
제날짜에
갚아야 할 거
아냐?

아이고,
내 생선!

퍽

휴, 당장 200타카를 어디서 구하지?

돈을 갚지 못하면 내 아들은 노예로 끌려가게 돼.

빌린 돈이 얼마인데?

석 달 전에 그물을 사려고 100타카를 빌렸지.

세상에! 그럼 석 달 동안 붙은 이자만 100타카란 말이야?

응, 게다가 오늘이 지나면 이자가 더 붙어서

220타카를 갚아야 해.

살인적인 이자만 아니어도 희망이 보일 텐데……

고작 그물 하나 값밖에 안 되는 돈 때문에

이런 처참한 일을 겪다니.

그렇다면 은행에서 적은 돈을 빌리면 되지 않은가!

샤말란, 나와 함께 가세.

어, 어딜?

걱정 말고 따라 와. 그 정도는 은행에서 빌릴 수 있을 거야.

뭐? 은행?

대체 왜 이 사람에게 돈을 빌려줄 수 없다는 겁니까?

당시 방글라데시의 은행은 부자들에게는 언제나 문이 열려 있었지만, 가난한 사람들에게는 발을 들이기조차 어려운 곳이었습니다.

됐네, 유누스. 우리 같은 사람들에게 은행은 없는 것과 마찬가지야.

저분에게는 믿을 만한 *담보가 없습니다.

믿을 만한 담보라면?

충분한 재산을 말씀하시는 겁니까?

그런 게 있다면 우리가 이곳에 왜 왔겠습니까?

저 사람은 가난하지만 평생을 성실하게 살았습니다.

그게 바로 담보입니다.

성실히 일한다고 돈을 갚을 수 있을까요?

가난한 사람은 돈이 생기면 게을러져서 일을 하지 않아요.

그건 은행의 잘못도 크지요.

그건 편견일 뿐입니다. 이들이 왜 가난하게 되었을까요?

아무리 일해도 원금은커녕 이자도 갚을 수 없기 때문입니다.

허허, 공부만 하셨던 분이라 뭘 모르시는군요.

*담보: 빌린 돈을 갚지 못했을 때 대신할 수 있는 가치 있는 물건이나, 돈을 대신 갚아 줄 수 있는 사람

어쨌든 우리의 방침은 변하지 않습니다. 돈은 빌려 드릴 수 없어요.

은행에서는 가난한 사람들에게 돈을 빌려주지 않았습니다. 그래서 이들은 비싼 이자를 주고 개인에게 돈을 빌릴 수밖에 없었습니다.

하아.

고객님, 돈이 필요하시면 또 오십시오.

그래, 수고하게.

반면, 부자들은 은행에서 빌린 돈을 이용해서 점점 재산을 불려 나갔습니다.

제가 보증을 서면 이 사람에게 돈을 빌려 주시겠습니까?

물론입니다.

선생께서는 돈을 갚을 수 있는 능력이 충분하시니까요.

얼마를 원하십니까?

1만 타카면 되겠군요.

저 돈으로 뭘 하시려는 걸까요?

글쎄, 저 녀석 속은 알 수가 없어요.

이 돈으로 무엇을 하시든 상관없지만, 만일 돈을 갚지 못한다면 우리는 선생을 법정에 세울 것입니다.

그러시겠죠.

저 같은 사람이 돈을 빌리기는 정말 쉽군요.

스윽

방글라데시의 은행은 부자만을 위한 곳이었네요.

언제부터 그게 은행의 규칙이었죠?

벌떡

그건 은행의 규칙입니다. 저희가 자선 단체는 아니니까요.

내가 은행을 만든다면
기존의 규칙과는
정반대로만 하겠소.

하하! 은행을 만들어요?
여기가 구멍가게인 줄
아십니까?

유누스는 사람보다 돈을 중요하게 여기는 은행 제도에 큰 좌절감을
느꼈습니다. 그는 가난한 사람들을 위해 담보가 없어도 돈을
빌려줄 수 있는 은행을 만들기로 결심했습니다.

같이 가세,
유누스!

빈곤을 연구하는 사람들

하나   제프리 색스

제프리 색스는 개발 도상국의 문제를 분석하고 탁월한 개선점을 제안한 세계적인 경제학자입니다.

제프리 색스는 국제 금융과 국가나 국제 사회의 경제 정책에 관해 탁월한 능력을 인정받고 있는 세계적인 경제학자입니다. 반기문 전 유엔 사무총장의 특별 자문관 역할을 하기도 했습니다.

그는 29세인 1983년에 하버드 대학의 최연소 정교수가 되었는데, 자신의 연구를 통해서 가난한 나라에 실질적인 도움이 될 수 있는 방법을 찾으려 했습니다. 하버드 국제 개발 연구소장으로 있을 때는 개발 도상국의 경제 상황과 그들에게 필요한 경제 정책을 연구했어요. 또한 국제 통화 기금(IMF), 경제 협력 개발 기구(OECD), 세계은행(IBRD) 등 여러 국제기구의 자문 위원을 지냈습니다.

제프리 색스가 이름을 알린 것은 1986년부터 5년간 볼리비아 대통령의 자문을 맡으면서부터였습니다.

who? 지식사전

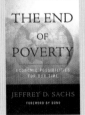

제프리 색스의 저서 《빈곤의 종말》 표지

세계 빈곤 극복을 위한 메시지, 《빈곤의 종말》

《빈곤의 종말》은 제프리 색스의 대표적인 저서로, 1980년대부터 경제학자로서 외국에 진 빚과 인플레이션으로 고통받는 여러 나라를 도우면서 경험한 일과 느낀 점을 적은 책입니다.

정치·문화·기후의 측면에서 세계 빈곤 국가의 상황을 분석하여 실질적인 해결 방안을 제시하고 있으며, 특히 가뭄, 기아, 에이즈, 말라리아, 오염된 식수 등으로 상징되는 '절대 빈곤'을 우리 시대에 끝맺을 수 있다는 희망을 담고 있습니다.

제프리 색스는 이 책을 통해 인류가 함께 지켜야 하는 인간적 가치란 무엇인지, 그리고 그것을 위한 실천 방안에는 어떤 것들이 있는지 일깨워 주었습니다.

그는 부채 감축 프로그램을 실시하여 당시 인플레이션으로
인해 40,000퍼센트까지 올라 있었던 볼리비아의 물가
상승률을 10퍼센트대로 끌어내려 경제를 안정시켰지요.
제프리 색스는 국제 통화 기금 같은 경제 기구에 대해
비판적인 의견을 내는 학자로도 유명합니다. 그는 경제
위기에 처한 나라에 돈을 빌려주면서 비싼 이자를 받는 것은
옳지 않으며, 계속 이와 같은 정책을 취한다면 경제 위기에
처한 나라는 더욱 심한 혼란에 빠질 수 있다고 주장했습니다.
그는 〈뉴욕타임스〉로부터 '세계에서 가장 중요한
경제학자'라는 평을 받은 바 있고, 〈타임〉지에서 선정한 '가장
유능하면서도 유명한 50명의 젊은 경제학자' 중 한 사람으로
뽑히기도 했답니다.

《왜 세계의 절반은 굶주리는가?》의
프랑스어판 표지

둘   장 지글러

장 지글러는 스위스의 사회학자로, 세계의 기아 문제에
대한 여러 저술로 유명합니다. 1934년 스위스에서 태어나
제네바 대학과 소르본 대학에서 사회학
교수로 일했습니다. 또 스위스 연방 의회의
의원으로 활동하다가 유엔 인권 위원회 식량
특별 조사관으로 일하기도 했지요. 유엔 인권
위원회에서 일할 때의 경험을 살려《왜 세계의
절반은 굶주리는가?》를 저술했는데, 이 책은 전
세계 개발 도상국에서 발견한 선진국의 횡포를
지적한 것으로 유명합니다. 이외에도 그는
계속해서 세계의 가난에 사회의 책임이 있다는
의견을 담은 책을 내며 빈곤 국가에 대한 관심을
불러일으켰습니다.

장 지글러는 스위스의 사회학자입니다.

셋 **코피 아난**

유엔의 역대 사무총장 중 가장 높은 평가를 받는 코피 아난은 1938년 아프리카 가나에서 태어났습니다. 그는 미국에서 경제학을, 스위스 제네바에서 국제 관계를 공부한 뒤 미국 매사추세츠 공대(MIT)에서 경영학 석사 과정을 마쳤습니다. 이후 국제기구에서 중요한 역할을 맡아 오다가 유엔 사무총장으로 선출되었지요.

그는 유엔의 재정 규모를 줄이기 위해 유엔 사무국 조직을 축소하고, 유엔의 활동을 몇 가지로 모으면서 국제 사회가 나아가야 할 방향을 제시했답니다. 또 국제 사회에 인간의 존엄성을 해칠 수 있는 위험한 상황이 발생했을 때 유엔이 적극적으로 간섭하여 해결할 수 있다는 '인도주의적 개입'이라는 개념을 도입하였습니다. 이러한 코피 아난의 노력으로 유엔은 국제적으로 더욱 중요한 위치를 차지할 수 있었습니다.

코피 아난은 아프리카 가나 출신의 유엔 전 사무총장입니다.

코피 아난은 빈곤 퇴치를 위해서도 많은 노력을 기울였는데 그중에서도 2000년 유엔이 개최한 새천년 정상 회의에서 설정한 '새천년 개발 목표(Millennium Development

who? 지식사전

코피 아난의 어린 시절 일화

실밥이 가득한 야구공

코피 아난은 가난한 가정에서 태어나 고달픈 어린 시절을 보내야만 했습니다. 그는 어렸을 적에 조지아주의 애틀랜타 야구장에서 구두 닦는 일을 했는데, 마침 야구팀 감독의 신발을 닦다가 감독에게 물었습니다. "야구공은 어떻게 저렇게 멋진 포물선을 그리며 날아가나요?" 그러자 감독이 말했습니다. "야구공을 자세히 보면 온통 실로 꿰맨 상처가 가득하단다. 바로 그 상처 때문에 다른 공보다 멀리 날아갈 수 있는 거야." 감독의 말을 듣고, 가난은 더 이상 그에게 상처가 되지 않았습니다. 어려운 시간은 그에게 디딤돌이 되었고 더 멀리 날아가는 미래를 꿈꾸게 했다고 합니다.

Goals)'는 빈곤과 저발전 등 전 지구적인 8가지 목표를
성공적으로 제시했다는 평가를 받고 있습니다.

넷 ▶ 아마르티아 센

아마르티아 센은 인도 출신의 경제학자로,
인도 콜카타 대학교를 졸업한 뒤 영국
케임브리지 대학교에서 공부했습니다. 그는
어린 시절을 인도에서 보내며 1943년 벵골
대기근과 같은 빈곤으로 몇 백만 명이 죽는
것을 지켜보았습니다. 이러한 경험에 영향을
받아 기아와 빈곤, 경제적 불평등을 주로
연구했어요.

아마르티아 센은 인도의 경제학자로, 빈곤과 기아 문제를
연구해서 아시아 최초 노벨 경제학상을 받았습니다.
ⓒ Fronteiras do Pensamento

그는 빈곤 지표를 만들어 빈곤의 정도를
측정하고, 불평등의 원인을 분석해서 이에
대한 대책을 세울 수 있도록 기여했습니다.
아마르티아 센은 세계의 가난과 기아 문제에
기여한 공로로 1998년 아시아 최초로 노벨 경제학상을
받았습니다.

세계 빈곤 퇴치의 날

이 행사는 1987년 프랑스 파리에서 빈곤, 기아, 폭력으로 인한 희생자 10만 명이 모여 '빈곤 퇴치 기념비'를 세운 일을
계기로 시작되었습니다. 이후 1992년 유엔에서 공식적으로 이 날을 '세계 빈곤 퇴치의 날'로 지정하면서 전 세계적으로 매년
10월 17일은 굶주리는 사람들을 생각하며 지구상에서 가난을 몰아내자는 다짐을 하고 있습니다.
세계 빈곤 퇴치의 날에는 '모두 일어나 한목소리를 내자'는 의미로 진행되는 스탠드업(Stand-up) 캠페인을 여는데 2007년
127개국 4,370명이 동참하여 기네스 세계 신기록을 수립하기도 했습니다. 우리나라에서도 '화이트 밴드 캠페인'이라는
이름으로 시행되고 있으며, 빈곤 퇴치 서명을 유엔과 국회에 전달하는 등 다양한 노력을 펼치고 있습니다.

그라민 은행의 첫 실험

가난한 사람들에게 돈을 빌려 주기로 마음먹은 유누스는 조브라 마을 방방곡곡을 돌아다니기 시작했습니다.

돈이 필요한 분은 나오세요!

여러분, 담보 없이 돈을 빌려 드립니다!

다들 돈이 필요할 텐데 아무도 관심을 주지 않네요.

하하, 지치는 모양이구나.

가난한 사람들의 마음이 꼭 닫혀 있으니 우리가 조금 더 노력하자꾸나.

네, 선생님.

*고리대금업자: 비싼 이자를 받고 돈을 빌려주는 사람
*대출: 돈이나 물건을 빌려주거나 빌리는 일

당시 방글라데시 여자들은 '푸르다'라는 이슬람 율법에 따라 가족을 제외한 다른 남자에게 얼굴을 드러내는 것을 꺼려했습니다.

선생님, 제가 가 볼게요.

그래.

아무래도 여자인 제가 이야기하는 것이 낫겠어요.

계세요?

무슨 일이죠?

물 좀 마실 수 있을까요?

네, 기다려요.

대나무 의자를 만드시나 봐요?

네, 시장에 팔면 6타카를 벌 수 있거든요.

매일 한두 개씩만 팔아도 생활비는 충분하겠네요.

그렇지도 않아요.

재료비를 고리 대금업자에게 빌렸거든요.

그중 1타카도 남지 않죠.

종일 구부려 앉아 일해도,

쌀 한 줌을 살 수 없다니!

그건 불법이지 않습니까!

아, 미안. 터무니없는 수입에 나도 모르게……

선생님! 가만히 계세요.

담보가 없는 가난한 사람들은 대부분 수입의 절반을 고리대금업자에게 준다는 조건으로 돈을 빌렸습니다. 그래서 아무리 열심히 일해도 저축은커녕 빚도 갚기 힘들었습니다.

끼니 걱정 없이 사는 게 소원이에요.

다른 곳에서 돈을 빌리면…….

가난뱅이에게 누가 돈을 빌려 주겠어요?

실은, 저희가 담보 없이 돈을 빌려 드리고 있어요.

네?

필요한 만큼 빌려 쓰세요.

생활이 안정되면 천천히 갚으셔도 됩니다!

그게 정말인가요?

시무룩

하지만 남편이 제가 돈을 빌린 사실을 알면…….

……。

당신들 뭐야? 이 여편네가 집에 남자를 들여?

!

절뚝

어서 가세요. 제 남편이에요.

들자 하니, 돈을 빌려준다고?

그 돈 나한테 주시오.

어째서 말입니까?

저 여자는 빈손으로 시집을 왔거든.

뻔뻔하게 지참금도 없이!

방글라데시를 비롯한 일부 지역에서는 신부가 신랑에게 돈을 보내는 지참금 전통이 있는데, 가난한 여성들에게는 이것이 엄청난 고통이었습니다.

뭐 해? 당장 돈 빌리지 않고!

진정하세요!

악!

여자라는 이유만으로 굶주림에 울고, 차별에 울고……

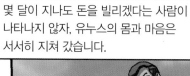

몇 달이 지나도 돈을 빌리겠다는 사람이
나타나지 않자, 유누스의 몸과 마음은
서서히 지쳐 갔습니다.

그 은행장의
말이 맞았을까?

그러던 중 1977년 10월, 유누스는 우연히 농업은행
총재를 만나게 됩니다. 그는 평소 가난한 사람들에
대해 관심이 많은 사람이었습니다.

아, 총재님.

마침
잘 만났소,
유누스 선생.

도대체
당신네 학자들은
뭘 하는 겁니까?

거리에 굶어 죽는
사람이 넘쳐나는데
만날 책이나 보고 있고!

유누스는 오히려 자신과 같은 생각을 가진 사람이
있다는 사실에 기뻐했습니다.

맞아요. 이론밖에
모르는 멍청이들!

엥?

덥석

그래서 전 실천하는 지성인이 되기로 했습니다.

오호, 그래요? 반가운 소식이군요!

요즘 제가 하는 일에 대해 들어 보실래요?

좋아요. 들어 봅시다.

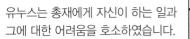

유누스는 총재에게 자신이 하는 일과 그에 대한 어려움을 호소하였습니다.

가난한 사람들에게 대출을 주려다 보니

돈을 끌어 오는 것도 힘들고요.

홍보도 부족해서 생각만큼 호응을 얻지 못하고 있습니다.

저런!

내가 도울 수 있는 것이 있다면 말해 보시오.

네? 정말입니까?

유누스는 평소에 늘 간절했던 희망 사항을 거침없이 말했습니다.

사실 돈을 빌릴 때마다 은행의 허가를 받으려면 꽤 오랜 시간이 걸려요.

제게 농업은행 조브라 마을 지점의 운영권을 주십시오.

물론 가난한 사람들에게 빌려준 돈은 꼭 갚겠습니다.

그리고 집 다섯 채 정도의 값인 100만 타카도 빌려 주십시오.

흠, 글쎄요.

앗, 너무 많이 요구했나?

이, 일단 한번 실행해 보시면……

좋습니다.

생각지도 못한 큰 지원에 유누스는 말할 수 없이 기뻤습니다.

그래, 준비하고 노력하는 자에게는 반드시 기회가 찾아오는 법이야.

네? 총재님, 감사합니다! 정말 감사합니다!

대신 1년 후에 결과가 좋지 않으면 지점을 닫겠소.

그로부터 몇 개월 후, 조브라 마을 어귀에는 은행으로 쓰일 건물이 지어졌습니다.

이 은행은 곳곳의 가난한 마을을 돕게 될 것입니다.

그런 의미에서 우리 은행을 *'그라민'이라 부릅시다.

아직 정식 은행은 아니니, 그라민 실험 은행이 되겠군요.

와아, 멋진 이름인데요?

좋아요.

공사를 시작한 지 몇 주 만에 그라민 실험 은행 첫 지점이 완공되었습니다.

비록 작고 초라하지만 그 어떤 곳보다 훌륭한 은행이 될 거야.

그라민실험은행

*그라민: 방글라데시 말로 '마을'이라는 뜻

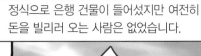
정식으로 은행 건물이 들어섰지만 여전히 돈을 빌리러 오는 사람은 없었습니다.

담보 없이 빌려 드려요!

유누스는 포기하지 않고 끈질기게 사람들을 찾아다녔습니다. 그런 집념은 마을 사람들의 마음에 변화를 가져왔습니다.

몇 달째 저 소리야?

그러게. 끈질기기도 하지.

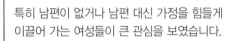
특히 남편이 없거나 남편 대신 가정을 힘들게 이끌어 가는 여성들이 큰 관심을 보였습니다.

저 말이 사실이라면 고리대금업자들에게서 벗어날 수 있지 않을까?

가 보면 알겠지.

살고자 하는 강한 의지는 기적을 만든다!!

살고자 하는 강한 의지는 기적을 만든다!!

꾸벅 꾸벅

선생님, 사람들이 오고 있어요!

드디어 첫 고객인가?

진짜 우리 같은 사람에게 담보 없이 돈을 빌려주나요?

물론입니다. 원하는 금액만 말씀하세요.

그라민실

빌려 가신 돈은 조금씩, 천천히 갚으시면 됩니다.

은행이 좀 부실해 보이는데……

그렇지 않아요. 사무실은 작지만 아주 튼튼하답니다.

선생님, 돈을 빌리려면 서류를 작성해야 하죠?

서류는 필요 없습니다.

그런데 저희는 글을 몰라요.

여러분이 가난하다는 것, 그게 바로 담보입니다.

그럼, 담보도 없는 저희를 어떻게 믿고 돈을 빌려 주신다는 거죠?

저 무지 가난해요.

이 사람보다 제가 더 가난해요.

하하하, 알고 있습니다.

여러분 모두에게 대출해 드리겠습니다.

아아!

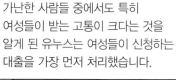

가난한 사람들 중에서도 특히 여성들이 받는 고통이 크다는 것을 알게 된 유누스는 여성들이 신청하는 대출을 가장 먼저 처리했습니다.

저는 생활비 20타카요.

네, 알겠으니 순서대로 천천히 말씀하세요.

아들 병원비 15타카가 필요해요.

저는 30타카.

단, 돈을 빌려 드리는 조건이 하나 있습니다.

네?

아, 역시…….

하하하, 어려운 건 아니에요.

다섯 분이 한 팀이 되어 끝까지 대출금을 갚는다는 조건입니다.

돈을 갚지 못한 사람이 생기면

먼저 돈을 갚은 사람이 도움을 주면서

힘을 합쳐 대출금을 갚는 것이죠.

좋아요.

그 정도야, 뭐.

유누스는 돈을 빌려주면서, 상황이 여의치 않으면 돈을 갚으려는 의지가 약해질 것을 대비해 다섯 명이 한 팀을 이뤄 서로를 책임지는 '인간 띠'를 만들었습니다.

책임감이 생기는걸?

지금부터 우린 한 가족이야.

저들에게 스스로 돈을 갚아 나갈 수 있다는 희망을 주어야 해.

그로부터 6개월 후 조브라 마을에서는 조용한 변화가 일어나기 시작했습니다.

어때요? 장사는 잘됩니까?

아, 선생님!

비싼 이자를 내지 않으니 이익이 많아졌어요.

하하, 그거 좋은 소식이군요!

대출금을 제일 먼저 갚으셨더군요.

남는 돈으로는 텃밭을 사서 이렇게 농사도 짓는걸요.

어머! 정말 축하드려요.

나 잡아 봐라!

야, 거기 서!

아이의 다리가 다 나았네요.

네, 모두 선생님 덕분이에요.

실은 제가 대출금 갚기를 포기할 뻔했는데 언니들이 많이 도와주었어요.

당연하죠. 우린 한 몸인걸요.

하하, 한 몸이요?

네, 제가 포기해 버리면 언니들의 부담이 더 커지니까 힘들어도 포기할 수가 없었어요.

쓰러져 가던 마을이 생기를 되찾고 있네요.

그래, 사람들의 의지가 더 강해질수록 점점 살기 좋아질 거야.

그라민 실험 은행에서 대출을 받아 간 여인들이 가난에서 벗어나는 것을 보고, 다른 사람들도 하나둘 은행으로 모여들기 시작했습니다

조브라 마을에서 처음 시작한 그라민 실험 은행은 그렇게 서서히 자리를 잡아 가고 있었습니다.

그라민 실험 은행은 성공을 향해 가는 듯 보였습니다.
그런데 어느 날, 생각지도 못한 문제가 생겼습니다.

이게 무슨 일이지?

좀 전에 마을 남자들이 왔었어요.

다음엔 불을 지르겠대요.

이런, 나쁜 사람들!

으흐흐흑

선생님, 저기!

여성들이 돈을 벌어 자립하면 자신들의 권위가
무너질까 봐 두려웠던 남자들과 종교인들이 은행을
공격한 것입니다.

남편이 밖에 나다닌다며 마구 때렸어요.

또 나가면 가만 두지 않겠대요.

더 이상 일은 못 할 것 같아요.

못난 사람들! 그까짓 자존심 때문에 가족을 굶기다니!

다음엔 우릴 공격할 거예요.

하지만 그깟 협박에 은행을 철수할 순 없어.

저기 모여 있군, 그래!

꺄ー!

누가 이딴 은행 필요하대? 당장 이 마을에서 꺼져!

내 마누라를 내놔!

와 아 아

선생님, 피하세요.

죄를 지은 것도 아닌데 피할 이유가 없지.

샌님 같은 녀석이 겁도 없이!

뜨거운 맛을 봐야 정신 차리지?

당신들, 여길 떠나는 게 좋을 거야!

이게 무슨 짓입니까?

이슬람 사회의 전통을 망칠 셈인가?

돈을 빌려주는 척하면서 여자들을 유혹해?

뭔가 오해가 있으시군요.

저는 여러분이 가난을 벗어나도록 도울 뿐입니다.

당신 혼자 무슨 수로?

6개월만 더 지켜봐 주십시오.

그때까지 제게 돈을 빌린 분들의 생활이 나아지지 않는다면, 이곳을 떠나겠습니다.

흐음.

좋소. 시간을 주지. 대신 그 말은 꼭 책임지시오.

휘!

여러 위협이 있었지만 유누스는 흔들리지 않았습니다.

약속은 서서히 현실이 되었습니다. 시간이 흐르면서 가난에서 벗어나는 가정이 생겨난 것입니다.

*라마단이 끝났으니 어서 밥을 먹읍시다.

여자들이 돈을 벌고 나서는 풍족해졌어.

예전에는 라마단 기간이나 평소나 굶기는 마찬가지였는데.

*라마단: 이슬람교에서 단식을 하며 몸을 정화하는 달로, 해가 뜰 때부터 질 때까지 식사, 음주, 흡연을 하지 않음

유누스가 약속한 날이 되어 다시 만난 남자들은 6개월 전의 그 난폭한 사람들이 아니었습니다.

선생님, 감사합니다.

정말로 우리 마을이 가난에서 벗어나고 있소.

뭘요, 저는 할 일을 했을 뿐입니다.

감사와 사과의 의미로 잔치를 준비했습니다. 꼭 와 주세요.

스스로 가난에서 벗어난 조브라 마을 사람들을 보며 유누스는 가슴이 뜨거워지는 것을 느낄 수 있었습니다.

당신들은 돈보다 훨씬 귀한 것을 얻었어요. 의지와 노력만 있다면 가난을 극복할 수 있다는 자신감이지요.

이런 날이 오다니!

선생님, 빨리 오세요!

그라민 은행

하나   그라민 은행 설립 동기

방글라데시 다카에 있는 그라민 은행 건물

유누스가 그라민 은행을 설립한 배경에는 방글라데시
사람들의 굶주림이 있었습니다. 1974년 방글라데시에 엄청난
기근이 닥쳐 굶어 죽는 사람들이 많았습니다. 경제학 교수였던
유누스는 자신이 배우고 가르친 경제학 이론이 가혹한 현실
앞에 아무 소용이 없다는 것을 느꼈습니다. 이로 인해 이론에
환멸을 느낀 그는 경제 이론을 현장에 적용하고자 했습니다.
당시 방글라데시 전역에서는 터무니없는 조건의
고리대금업이 성행하고 있었습니다. 생존을 위해 아주 적은
돈을 빌렸는데, 빚이 점점 불어나 감당할 수 없이 커져
버리는 것이었습니다. 이들이 버는 돈은 고리대금업자에게
빌린 돈의 이자를 갚느라 써 버리고, 남는 돈으로는 겨우
살아갈 정도의 식량을 마련할 수 있었어요. 비교적 적은
이자로 돈을 빌릴 수 있는 은행은 담보가 없는 가난한
이들을 받아주지 않았습니다.
유누스는 적은 돈으로도 가난한 이들의 삶의 질이 달라질 수
있다는 확신이 있었습니다. 그래서 가난한 사람들의
보증인이 되어 이들이 은행에서 돈을 빌릴 수 있도록
했는데, 이것이 발전해서 직접 은행을 설립하기에
이릅니다. '마을'이라는 뜻을 가진 '그라민'을 이름으로
한 그라민 은행은 이렇게 시작되었습니다.

그라민 은행 대출 여성들과 함께한 무함마드 유누스

둘   그라민 은행의 운영 방식

그라민 은행이 생기기 전에는 방글라데시의 여성들이
은행에서 돈을 빌리는 것은 거의 불가능했습니다.

그러나 '경제 발전의 궁극적인 목표가 삶의 질을 높이고 가난을 줄이며 안정된 일자리를 확보하고 불평등을 줄이는 데 있다고 한다면, 이러한 목표에 도달하기 위한 노력은 당연히 여성들로부터 시작해야 한다.'고 확신한 유누스는 소액 대출에서 여성들을 우선시했습니다.

그라민 은행은 돈을 빌린 사람들이 큰 부담을 느끼지 않도록 원금을 조금씩 나눠서 갚도록 했어요. 또한 그라민 은행은 돈을 빌려줄 때 개인이 아닌 그룹에게만 주었는데, 그룹을 지어 행동할 땐 다른 사람들의 도움도 받고 경쟁심도 생기기 때문에 더 성실하게 돈을 갚아 나갈 것이라고 생각했기 때문이지요.

그라민 은행은 무함마드 유누스와 함께 2006년 노벨 평화상을 수상했습니다.

셋 그라민 은행의 성과

그라민 은행이 설립된 지 30년이 지났을 무렵인 2006년의 통계를 보면 원금 회수율이 98퍼센트에 달했고, 현재는 2,500개가 넘는 은행 지점과 881만 명의 회원을 갖고 있습니다. 이 중 97퍼센트는 여성입니다. 방글라데시에서 시작된 그라민 은행의 소액 대출은 이러한 성과에 힘입어 전 세계로 확산되기도 했습니다.

하지만 최근에는 이러한 소액 대출이 결국 집안의 가장인 남성이나 다른 가족 구성원에게 돌아갈 뿐, 여성에게 큰 도움이 되지 못하거나 오히려 전통적인 공동체를 망가뜨렸다는 지적이 있습니다. 또한 소액 대출 제도를 운영하는 기관이 부패하거나 사업 이익에 욕심을 내면서 이전에 비해 가난한 사람들에게 돌아가는 혜택이 줄어들기도 했습니다.

노벨 평화상을 받을 때, 메달과 함께 수여된 상장

그라민 주택 융자 프로그램을 통해 주민들이 직접
지은 집이 아가 칸 국제 건축상을 수상했습니다.

넷 그라민 은행의 새로운 도전

그라민 은행은 설립 목적을 더욱 잘 실현하기 위해 무담보
소액 대출 외에 다양한 분야의 사업을 진행했습니다.

그라민 주택 융자

1984년 유누스는 가난한 사람들을 위해 중앙은행에 주택 융자
프로그램을 지원해 줄 것을 요청했습니다. 처음에 중앙은행
측은 그라민 은행 측에서 요청하는 정도의 적은 돈으로는
집을 지을 수 없고, 원금 상환도 어려울 것이라며 요구를
거절했습니다. 하지만 유누스와 직원들의 끈질긴 설득에
결국 이들을 믿고 프로그램에 필요한 자금을 지원했어요. 이
프로젝트는 12년 동안 100퍼센트에 가까운 원금 상환율을
기록했으며, 35만 가구에 집을 제공해서 사람들의 삶을
개선했지요. 또한, 그라민 주택 융자 프로그램으로 지은
집은 1990년 '아가 칸 국제 건축상'을 수상했는데, 시상식에
모인 세계적인 건축가들은 어떻게 300달러만으로 이렇게
멋진 집을 지을 수 있었는지 놀랐다고 합니다.

그라민 의료 시스템

소액 대출만으로는 영양실조, 건강, 환경 문제를 해결할 수
없다는 유누스의 생각에 따라 그라민 은행은 의료 시설을
갖추게 되었습니다. 방글라데시는 공공 보건 기관이 부실한
탓에 제대로 된 진료를 받기 위해서는 큰돈이 드는 개인
병원을 찾아야 합니다. 이 경우 갑자기 다치거나 병에 걸리게
되면 조금씩 모아 둔 돈을 써 버려 좀처럼 가난에서 벗어날
수 없게 되지요. 이에 그라민 은행은 회원을 포함한 마을
사람들이 적은 비용으로 현대적 의료 기관에서 진료를 받을
수 있도록 의료 시스템을 만들었습니다. 진료 외에도 이들은
가난한 이들이 병을 예방할 수 있도록 하는 프로젝트를
시행하기도 했습니다.

질병으로 인해 치료비가 많이
드는 것은 가난을 부추기는
이유가 되기도 해.

그라민 양어 재단

그라민 은행은 방치되어 있는 저수지를 개발해 그곳에 물고기를 키워 가난한 사람들에게 일자리를 주었습니다. 또 땅이 없어 농사를 짓지 못하는 사람들이 먹을 것을 얻을 수 있도록 했습니다. 이들은 기존에 부패했던 정부 관리들의 실수를 바로잡고 적절한 관리 시스템을 만들어서, 저수지가 있는 지역 주민들의 삶을 향상시키는 데 기여했답니다.

그라민폰과 텔레메디신

그라민 은행은 노르웨이의 텔레노르라는 회사에서 많은 돈을 투자받아 그라민폰이라는 회사를 만들었습니다. 그라민폰은 방글라데시의 최대 이동 통신 사업자가 되었어요. 이곳에서 나오는 수익으로 다양한 사회 공헌 사업도 진행되었는데, 텔레메디신도 그중 하나입니다. 텔레메디신은 의료 혜택을 받지 못하는 빈민들에게 치료 기회를 제공하는 제도로, 2005년에 시작되었어요. 병원 등 의료 시설이 부족한 곳에서 통신 기술을 통해 원격으로 의료 서비스를 전달하는 사업입니다. 이 사업을 통해 많은 사람들이 의료 혜택을 받게 되었습니다.

다카의 그라민폰 센터. 그라민폰은 방글라데시 최대 이동 통신 사업자입니다.

who? 지식사전

우리나라의 그라민 은행, 미소 금융

미소 금융은 제도권 금융 회사 이용이 곤란한 금융 소외 계층에게 창업 자금 등 자립에 필요한 돈을 무담보·무보증으로 지원하는 우리나라의 소액 대출 사업입니다. 대출 업무 외에도 창업 시 사업 타당성 분석 및 경영 컨설팅 지원, 금융 문제 상담 등 소외 계층이 사회·경제적으로 자립할 수 있는 기반을 마련해 주고 있습니다.

미소 금융이 시작될 당시 신청자와 상담을 하는 모습

6 치타공의 기적

그라민 실험 은행이 조브라 마을에서 성공을 거두자, 유누스는 사회적으로 인정받기 시작하였습니다.

그러나 방글라데시의 척박하고 위험한 환경을 견디지 못한 아내는 딸을 데리고 미국으로 돌아가고자 합니다.

유누스는 결국 10년 동안의 결혼 생활을 정리합니다. 조국 방글라데시와 가난한 사람들을 위해 여전히 해야 할 일이 많았기 때문이었습니다.

그러나 유누스는 불행에 아파할 틈도 없었습니다.
학교에서 학생들을 가르치고 그라민 실험 은행을
운영하느라 정신없이 바빴기 때문입니다.

나의 노하우를
전수할 기회야.

초대장
학자들이 모여
농촌의 가난한
사람들을 위한
재정적 지원을
논의하고자
합니다

방글라데시 중앙은행.

농촌의 재정적 지원
세미나

돈을 빌려줄 때,
이자를 높게 받아야
농부들이 책임감을 가지고
돈을 갚을 것입니다.

맞아요. 조건이
까다로워야 능력도
안 되는 사람이
몰려들지 않죠.

그 반대입니다!
오히려 이자를
낮춰야 해요.

물론 이자를 많이
받으면 은행은
이익을 얻겠죠.

하지만 농민들은
더욱 궁지에 몰려
돈을 갚을 의지를
잃게 될 겁니다.

무슨 근거로 그렇게 단정하는 겁니까?

조브라 마을에서 실시한 그라민 실험 은행의 결과입니다.

이자율이 낮을수록 원금을 갚아 나가는 속도가 빨랐어요.

이봐요, 작은 어촌 마을에서 했던 실험이

모든 곳에서 통할 것 같소? 착각이 심하군!

더 많은 사람에게 같은 결과를 얻어 오시오.

그럼 당신의 의견을 인정해 주지.

좋습니다. 그렇다면…….

여러분의 의견을 따르겠습니다.

대신 조건이 있어요.

그라민 실험 은행의 운영비를 지원해 주십시오.

이봐, 지금 불가능한 일에 투자하라는 소린가?

유누스 선생.

어떤 조건에서도 성공할 거라 확신합니까?

물론입니다.

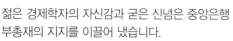

젊은 경제학자의 자신감과 굳은 신념은 중앙은행 부총재의 지지를 이끌어 냈습니다.

좋소. 더 넓은 지역에 19개의 지점을 내줄 테니,

거기에서 그라민 실험 은행을 운영해 보시오.

감사합니다!

웅성웅성

1979년 6월 6일, 유누스는 새로운 환경에서 임무를 완수하기 위해 당분간 대학을 떠나 *내전 중이던 탕가일 지역으로 갔습니다.

전쟁터가 따로 없군.

이런 곳에 사람이 살까요?

교수님, 우리 다른 지역으로 가요.

여긴 *게릴라들이 수시로 공격하는 곳이래요.

이번 연구가 얼마나 중요한지 잘 알잖나?

조브라 마을의 성공이 우연이 아니라는 것을 증명해야 해.

*내전: 한 나라 안에서 일어나는 싸움
*게릴라: 일정한 거처 없이 불시에 공격하는 부대나 무리들

탕가일 프로젝트는 목숨을 걸어야 할 정도로 위험한 일이었습니다. 그러나 유누스에게는 망설일 시간이 없었습니다. 그는 곧바로 은행을 짓기 시작했습니다.

이곳에 비하면 조브라 마을은 천국이었군.

담보 없이 돈을 빌려 드립니다!

탕가일 지역의 사람들은 오랜 내전으로 서로를 불신했고, 낯선 사람을 극도로 경계했습니다.

마을에서 나가!

누가 보낸 놈들이야?

진정하세요! 우리는 여러분을 도우러 왔어요.

교수님, 아무도 돈을 빌리러 오지 않네요.

뭔가 다른 대책이 필요해요.

내게 좋은 생각이 있네.

일단 구급약과 공구들을 챙겨 놓게.

그건 어디에 쓰시려고요?

천천히 사람들의 마음을 열어 보자고.

언제 우리가 하는 일이 쉬운 적이 있었던가?

유누스는 먼저 마을 사람들의 신뢰를 얻기로 했습니다. 간단한 진료와 집수리를 해 주면서 사람들과 친해지기로 한 것입니다.

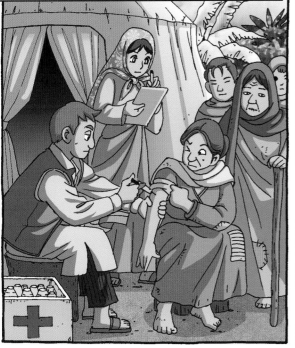

휴, 오늘도 힘든 하루였어.

손들어!

허튼짓하면 쏴 버리겠다!

살고 싶으면 가진 돈을 몽땅 내놔.

당시 탕가일에는 '고노바히니'라는 무장 게릴라가 활동하고 있었습니다. 젊은이들이 몰려다니면서 마을 사람들을 무자비하게 죽여 악명이 높았지요.

게, 게릴라다!

어쩌지? 내 돈은 모두 은행 금고에 있네.

그거 잘됐군. 푼돈보다는 은행을 터는 게 낫지.

앞장서! 우리를 은행으로 안내해라!

은행에 가 봤자 돈은 받을 수 없을 것이네.

우린 대출이 아니고서는 절대 돈을 내주지 않지.

교, 교수님……

아니, 너는 무스타카?

흑흑, 널 얼마나 찾았는지 아니? 어서 집에 가자.

엄......마?

흑, 엄마!

나도 엄마가 보고 싶어.

이, 이런!

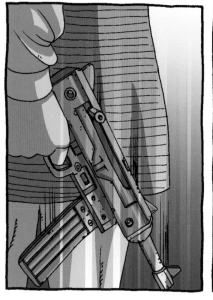

아, 살았다.

가난과 전쟁이 거칠게 만든 것 뿐. 본래는 선량하고 착한 젊은이들이야.

죄송해요. 저희를 도우러 오신 분들인 줄 모르고.

자네들, 이제는 떳떳한 직업을 찾는 게 어떤가?

그러고 싶어도 이곳에서는 할 일이 없습니다.

괜찮네.

나와 함께 일해 보지 않겠나?

네? 저희가 무슨 일을......

우리 은행에서 일할 직원들을 찾고 있거든.

이곳 사정을 잘 아는 자네들이 도와주면 좋겠는데.

와아!

유누스는 자신을 죽이려 했던 젊은이들을 고용하고 돈을 빌려줌으로써 그들에게 바른 삶을 살 기회를 주었습니다.

감사합니다. 정말 감사합니다!

훌륭한 분이셔.

정말 돈을 빌려줄까?

그래, 게다가 천천히 갚아도 된대.

이렇게 감사할 데가!

혼자는 안 돼요. 다섯 분이 함께 오세요.

에이, 좀 봐주게나.

은행의 소문이 퍼지자 마을 사람들은 그라민 실험 은행을 신뢰하게 되었습니다.

다음 분이요.

다시 오세요.

에잉!

자신들의 일에 대한 자부심이 대단해요.

그래, 보기 좋구나.

사람들은 빌린 돈으로 폐허가 된 마을을 살리기 위해 온 힘을
기울였고, 마을은 어느새 점점 활기를 되찾았습니다.

2년여에 걸쳐 진행된 탕가일 프로젝트는
유누스의 집념과 마을 사람들의 노력으로
성공을 거둘 수 있었습니다.

반대했던 사람들의
코를 납작하게
만들었군요.

하하,
그런가요?

이제 전국에
그라민 실험 은행
지점을 내는 것이
어떻겠소?

네, 열심히
운영해
보겠습니다!

랑푸르

다카

치타공

그라민 실험 은행은
1982년부터 다카와 치타공,
랑푸르 등 방글라데시 전역에
지점을 내고 사업을
시작했습니다.

어? 살람 형. 웬일이야?

모든 일은 순조롭게 풀리는 듯했습니다. 그런데 이때 유누스에게 충격적인 소식이 전해집니다.

그게 무슨 소리야?

으흐흑, 어머니!

긴 시간 동안 정신병으로 고생하시던 어머니가 돌아가신 것입니다. 유누스는 그동안 일에 쫓겨 가족에게 소홀했던 것에 대한 미안함이 복받쳐 올랐습니다.

이제야 찾아온 저를 용서하세요.

그만 보내 드리자꾸나.

하늘에서도 널 응원하실 거야.

우린 모두 그라민 은행이 성공하길 기도하고 있어.

고마워, 누나.

그렇게 가족은 보이지 않는 곳에서 항상 유누스를 지켜 주고 있었습니다.

유누스는 가족에게 힘을 얻어 슬픈 마음을 추스르고 다시 일터로 돌아왔습니다.

다들 그라민 은행에서만 돈을 빌리려고 해요.

이러다가 고객을 다 뺏기게 생겼군.

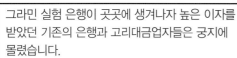

그라민 실험 은행이 곳곳에 생겨나자 높은 이자를 받았던 기존의 은행과 고리대금업자들은 궁지에 몰렸습니다.

흥, 이제 당신에겐 볼일 없어.

돈 빌려 달라고 사정할 땐 언제고!

담보 없이 돈을 빌려 준다더니, 사람들에게 서로 보증을 서게 해?

게다가 이자도 꼬박꼬박 챙긴다면서?

그래서요? 무슨 말을 하고 싶으신 겁니까?

그게 사실이라면 그라민 실험 은행이 크는 걸 두고 볼 수 없지!

여러분이 하신 말씀은 다 맞습니다.

뻔뻔하기 까지!

하지만 저희는 고객이 돈을 갚지 못해도 강제로 재산을 빼앗지 않습니다.

대신 서로 도우며 끝까지 갚을 수 있도록 격려하죠.

이자도 그리 높은 편이 아닙니다.

대출창구

쳇, 잘도 빠져나가는군.

휴. 정말 집요하군요.

하지만 이곳은 영원히 정식 은행이 될 수 없을걸?

당신만 없으면 모든 규칙이 무너져 버릴 테니 말이오!

여러분은 눈앞의 이익 때문에 가난한 사람들의 가능성을 무시했죠?

여러분의 말씀대로 그라민 실험 은행의 규칙을 만든 건 저입니다.

하지만 그것을 지키고 유지한 것은 고객들이에요.

이 *장부를 보십시오.

장부 안에는 돈을 빌려준 날과 갚은 날짜, 가난한 사람들이 자립하면서 갖게 된 직업과 재산 등이 꼼꼼히 적혀 있었습니다.

탕가일 지점의 장부입니다.

에헴!

어쨌든! 밖에 나가 보면 알 거요.

이곳에 대해 어떤 소문이 돌고 있는지 말이오.

급기야 그라민 실험 은행의 성공을 시샘한 사람들이 유누스를 비방하는 전단지를 뿌려 대기 시작했습니다.

*호외요! 그라민 실험 은행의 진실!

그라민 실험 은행의 불편한 진실

말도 안 돼!

*장부 : 물건이나 재산이 나가고 들어온 것을 기록한 책
*호외 : 특별한 일이 있을 때 임시로 발행하는 신문

이런 헛소문이 겨우 자립해 새 삶을 살려는 사람들에게 상처를 주면 어쩌지?

선생님, 어서 밖에 나가 보세요! 우리 고객들이 ……

왜? 더 안 좋은 소식이 있니?

그라민 실험 은행은 나쁜 곳이 아닙니다.

지독한 가난을 벗어난 우리가 바로 그 증거입니다!

진실이 담긴 이 전단지를 읽어 주세요.

아아!

유누스의 걱정은 괜한 것이었습니다. 오히려 그라민 실험 은행에서 대출을 받았던 빈민들은 나쁜 소문에 당당히 맞서 싸웠습니다.

무기력하던 사람들이 이제는 세상의 부당함에 맞서 싸우게 되다니!

우리가 이렇게 모함과 시기에 시달리는 것은 정식 은행이 아니기 때문이야.

네 말이 맞아. 공식적으로 건의하겠어.

그라민 실험 은행을 독립된 기관으로 만들고 싶었던 유누스는 여러 분야의 인사들을 만나 협조를 구했습니다.

저희 은행의 *원금 회수율은 98퍼센트에 이릅니다. 우리나라에서 가장 높지요.

중앙 은행
총회

그라민 실험 은행은 이제 정식 은행이 될 준비를 마쳤습니다.

그곳은 아직 독립할 준비가 되지 않았소.

정식 은행이 되면 당신 혼자서 모든 책임을 져야 합니다.

지금까지는 여기저기서 도움을 받을 수 있었겠지.

……

흠, 내 생각은 조금 다른데.

하지만 중앙은행의 관료들은 그라민 실험 은행이 정식 은행이 되는 것을 원치 않았습니다.

*원금 회수율 : 빌려준 돈을 돌려받는 비율

그때 유누스에게 큰 힘을 주는 지원군이
나타났습니다. 바로 방글라데시의
*재무부 장관이었습니다.

이 일을 대통령께
건의해 보겠소.

장관님,
감사합니다!

따르릉

어? 전화다!

아, 네!
장관님이십니까?

*재무부: 나라 살림이나 돈의 흐름에 대한 일을 맡아보는 관청

네.

딸깍

휴.

어떻게 됐어?

마부브…….

이런. 잘 안 된 모양이로군.

씨익

?

대통령이 그라민 은행 설립을 승인했다네.

쓰러져 가는 마을에서 시작한 임시 은행이, 이제 정식 은행이 된 거야!

1983년 10월 2일, 마침내 정부와 중앙은행은 그라민 실험 은행의 모든 업적을 공식적으로 인정했습니다. 그라민 은행은 이제 실험 은행에서 벗어나 정식 은행이 되었습니다.

창립 기념식에는 그라민 실험 은행을 통해 가난에서 벗어난 수백 명의 여성들이 참석했습니다. 이들의 뜨거운 감동은 식장에 있던 모든 사람들에게 전해졌습니다.

빈곤 퇴치에 나선 단체

재해 지역에서 구조 활동을 펼치고 있는
월드비전 대원들

유니세프기. 유니세프는 전 세계의 가난한
나라에서 어린이와 여성을 돕는
유엔 기구입니다.

월드비전의 설립자인 밥 피어스 목사
(1914~1978년)

하나 　유니세프(UNICEF, 유엔 아동 기금)

유니세프는 1946년 제2차 세계 대전으로 인해 기아와 질병에
시달리던 아동을 구제하기 위한 긴급 원조 계획으로 '유엔
국제 아동 긴급 구호 기금'이라는 명칭으로 발족하였습니다.
1953년 현재의 명칭으로 변경되었고, 본부는 뉴욕에
있습니다. 유니세프의 설립 정신은 국적이나 이념, 종교 등의
차별 없이 어린이를 구호한다는 '차별 없는 구호'입니다.
유니세프는 점차 그 영역을 넓혀 모든 개발 도상국
어린이들을 위하여 긴급 구호, 영양, 예방 접종, 식수 및 환경
개선, 기초 교육 등의 사업을 펼쳐 왔으며, 이에 대한 공로로
1965년 노벨 평화상을 수상하였습니다.

둘 　월드비전(World Vision)

월드비전은 6·25 전쟁 중 미국인 밥 피어스 목사와 한경직
목사가 펼친 전쟁고아와 미망인들에 대한 구호에서
시작되었습니다. 처음에는 식량 자원과 같은 단순한 구호
차원의 사업이었으나, 1970년대에 들어서면서 제3세계 지역
주민들의 역량을 강화하고 자립할 수 있도록 돕는 지역 개발
사업이 실시되었어요. 세계 많은 지역에서 발생하는 심각한
굶주림의 문제, 어린이 착취 문제, 화해 사업 등의 문제를
다른 국제 기관과 연대하며 해결하고자 합니다.

셋 　국경 없는 의사회(MSF)

1971년 설립된 국경 없는 의사회는 세계 최대의 인도주의

국제 의료 구호 조직입니다. 국가 간 협정의 틀에 묶여 있는
국제 적십자사의 한계를 넘기 위해 만들어졌지요. 이
단체의 가장 큰 특징은 어떤 정부나 이념 단체로부터도
도움이나 영향력을 받지 않는 순수 민간 자원봉사
기구라는 점이에요.
창설 이듬해인 1972년 니카라과 지진 복구 현장에 첫
파견단을 보낸 이후 코소보, 동티모르에 이르기까지
이름 그대로 '국경을 초월한' 활동을 펼치고 있으며,
현재는 긴급 의료 지원이 시급한 60여 개국에서
활동하고 있습니다. 이들이 가는 나라는 대부분 시리아,
남수단, 예멘과 같이 분쟁이나 전염병,
자연재해 등으로 고통받고 있는, 위험한
지역입니다. 1995년에는 비정부 기구로는
유일하게 북한에 들어가 북한 주민들에게
의약품과 의료 장비 등을 지원했답니다.
1999년에 노벨 평화상을 수상한 국경 없는
의사회는 스위스 제네바에 본부를 두고
있으며, 세계에서 모인 자원봉사자로 구성되어
있습니다.

국경 없는 의사회 로고. 국경 없는 의사회는
어려운 환경에 처한 나라에서 의료적인 도움이
필요한 이들을 돕습니다.

차드의 난민 캠프에서 구호 활동 중인 국경 없는 의사회

who? 지식사전

노벨 평화상

노벨 평화상은 군비를 축소하거나 세계 평화 증진에 현저히 기여한 개인이나 단체에
주어집니다. 노벨상 내에서도 최고의 권위를 인정받고 있습니다. 이에 따라 다른 부문은
수상자 선정과 시상식을 스웨덴에서 하는 것에 비해, 평화상 수상자 선정과 시상식은
노르웨이에서 합니다. 다른 노벨상은 생존자 개인에게 주는 것이 원칙이지만, 평화상은
단체나 조직에 수여될 수 있습니다. 우리나라에서는 김대중 전 대통령이 2000년에 노벨
평화상 수상자로 선정된 바 있습니다.

노벨 평화상 메달

넷 **세이브 더 칠드런(Save the Children)**

세이브 더 칠드런은 전
세계의 빈곤 아동을 돕는
국제적 비정부 기구입니다.

세이브 더 칠드런 로고

1919년 에글렌타인 젭이
제1차 세계 대전으로 고통받는 유럽 전역의
어린이들을 돕기 위해 영국에서 처음 세웠어요. 그
후 러시아 대기근(1921년) 때 활발하게 모금 행사를
벌였으며, 1924년에는 국제 연맹이 젭이 작성한
아동 권리 선언문을 정식으로 채택했습니다. 1936년
에티오피아에 간호 학교를 세우면서 아프리카 어린이
구호 사업에 진출했으며, 1950년대에는 6·25 전쟁
구호 사업을 비롯해 아시아와 아프리카 지역 구호에
적극적으로 나섰습니다. 1980~1990년대에는
에티오피아 기근과 르완다 학살 등에,
2000년대에는 이라크 전쟁과 인도네시아 쓰나미 지역에서
구호 활동을 진행했습니다. 주력 사업은 정기 후원, 결연 후원
등을 통해 후원자를 모집하고, 이를 바탕으로 보건 의료, 빈곤
아동 지원, 아동 보호, 교육 지원 등 다양한 분야에서 어린이
구호 사업을 벌이는 것입니다.

라이베리아에서 예방 접종 활동을 하고 있는 세이브 더 칠드런
의 모습. 세이브 더 칠드런은 전 세계의 빈곤 아동을 돕는
비정부 기구입니다. ⓒ Save the Children UK

who? 지식사전

대표적인 비정부 기구로 알려진 그린피스의
활동 모습

비정부 기구(NGO)

정부 간의 협정이 아닌 민간의 국제 협력으로 설립된 조직으로, 다양한 사회 활동과
인도주의적 기능을 수행하는 단체를 말합니다. 정부 정책을 감시하고 정보 제공을
통해 시민의 정치 참여를 장려하며, 인권·환경·보건·성차별 등의 특정한 주제에
대해 고민하기도 합니다. 현재 국제적으로 활동하는 비정부 기구는 4만여 개에
달하고, 각국의 공식, 비공식 기구를 합치면 100만 개가 넘는 단체가 활동하고 있는
것으로 추산됩니다.

다섯 플랜코리아(Plan Korea)

플랜코리아는 '양친회'라는 이름으로 1953년부터
1979년까지 한국에서 구호 활동을 실시하였고, 이후
한국이 경제 성장을 이루어 1979년 철수했습니다. 17년이
지난 1996년, 한국의 경제협력개발기구(OECD) 가입을
계기로 과거 수혜국에서 후원국이 되어 돌아왔습니다.
플랜코리아는 어린이와 함께 추진하는 지역 개발인 아동
중심 지역 개발을 실시함으로써 아동의 가능성을 키울 수
있는 생활 환경을 만드는 것뿐만 아니라, 아동이 살고 있는
지역이 빈곤에서 벗어날 수 있도록 노력하고 있습니다.
아동의 교육, 건강과 더불어 가족의 직업 훈련 및 기술 지도,
지역의 학교 및 보건소 설립 등 종합적인 접근을 통하여
빈곤의 문제를 지역 주민들이 해결해 나갈 수 있도록 돕고
있습니다.

플랜 인터네셔널 로고

여섯 굿네이버스(Good Neighbors)

굿네이버스는 1991년 한국인에 의해 설립되어,
대한민국 최초로 유엔 경제 사회 이사회(UN
ECOSOC)로부터 인정받은 국제 구호 개발
비정부 기구입니다. 굿네이버스는 굶주림
없는 세상, 더불어 사는 세상을 만들기 위해
빈곤과 재난, 억압으로 고통받는 이웃의 인권을
존중하며, 그들이 희망을 갖고 자립적인 삶을
살아갈 수 있도록 돕고 있습니다. 소외된 이웃
곁에서 헌신하는 자세로 희망을 전하고자 국내
및 북한과 해외 30여 개국에서 종교와 인종,
사상을 초월하여 전문 사회 복지 사업을
수행하고 있습니다.

굿네이버스의 구호 요원들이 케냐의 기근 지역에서 긴급 구호 활동을
펼치는 모습

7 전 세계가 인정한 은행가

방글라데시에서의 성공에 자신감을 얻은 유누스는 더 큰 꿈을 꾸게 되었습니다. 고통받고 소외당하는 전 세계의 가난한 사람들에게 도움을 주겠다는 것이었습니다.

전 세계에 그라민 은행을 세우고 싶습니다.

잘사는 나라, 못사는 나라 상관없어요.

*사회 보장 제도가 잘 갖추어진 선진국에도 그라민 은행이 필요할까요?

제도적인 지원도 필요하지만,

가난한 사람에게 절실한 것은 스스로 일어날 힘이 될 약간의 돈입니다.

*사회 보장 제도 : 어려움에 처한 국민들이 잘살 수 있도록 나라에서 지원하는 제도

1985년, 유누스는 그라민 은행을 시험해 보기 위해 미국 시카고에 있는 빈민 지역을 찾았습니다.

미국 사람들에게 이곳은 '버려진 땅'이라 불려요.

화려해 보이는 미국 안에 이런 곳이 있었다니!

앗, 엎드려요!

이게 무슨 일입니까? 전쟁인가요?

범죄 조직끼리의 싸움입니다.

주민 대다수가 흑인인 이글우드에서는 많은 젊은이들이 직업을 갖지 않고 범죄 집단을 전전하고 있었습니다.

거리 곳곳의 좁은 골목은 깨진 술병과 쓰레기로 가득했고, 지저분한 거리에서는 악취가 진동했습니다.

누더기를 입은 거지들은 구걸을 하며 거리에서 아무렇지도 않게 먹고 자면서 생활했습니다.

내 구역에서 당장 나가!

너나 나가, 이놈아!

방글라데시의 빈민 마을과 다를 게 없군.

줄 서 있는 거 안 보여요? 새치기하지 마!

나는 아까부터 기다렸어!

여기는 정부 보조금을 받을 수 있게 도와주는 곳입니다.

네.

조용히 해요!
이러면 보조금
신청 못 합니다.

움찔

다음! 무슨
일을 하시죠?

딱히 하는
일은……

뭐?

버는 돈은 없어도
정부 보조금으로
근근이 살아갈 수는
있거든요.

하지만 일을 해야
자립을 할 수 있을
텐데……

뭐 필요한 거
있으세요?

아, 제안할 게
있어서요.

가난한 이들에게
사업할 수 있는 돈을
빌려주면 어떨까요?

네?

이봐요.

미국에선 사업하려면
엄청나게 큰돈이
필요하다고요!

……

1988년, 유누스는 그라민 은행의 운영 방식에 관심을 가진 사람들과 함께 시카고 이글우드에서 여성들을 대상으로 돈을 빌려 주는 '풀 서클 펀드' 프로젝트를 시작했습니다.

언니, 10달러만 빌릴 수 있을까? 아이가 아파.

어쩌지, 나도 돈이 없어서……. 미안하다.

흑! 어쩜 좋아.

애, 그러지 말고 은행에 가 봐.

우리 같은 사람에게 누가 돈을 빌려주겠어?

담보 없이 돈을 빌려준다던데?

?

그래서 우리도 가 볼 생각이야.

대신 다섯 명이 함께 가야 한다더라.

마침 한 사람이 비는데

너도 우리랑 같이 가는 게 어때?

조, 좋아요!

가난한 것도
입증됐고,

사회보호 대상자

규칙대로 팀을
이루었으니.

여러분께 돈을
빌려 드리겠습니다.

어머나!

와,
정말이에요?

만 세

병원비를 쓰고, 남는
돈으로는 장사를
해야겠어요.

호호, 나도.

풀 서클 펀드

로라, 장사는 잘됩니까?

어머, 유누스 선생님!

요즘은 저축도 하고 있어요.

제가 보조금 없이도 살 수 있게 되다니, 꿈만 같아요!

로라쥬얼리

로라쥬얼

성실히 일한 로라는 돈을 모아 자신의 이름을 건 가게를 열었습니다. 이제 로라는 혼자 힘으로 살아갈 수 있게 되었습니다.

돈을 빌린 사람들이 하나둘 자립에 성공하자 이곳을 찾는 사람이 점점 늘어났습니다.

하하, 축하합니다.

제가 통장을 4개나 갖게 되다니요!

제 인생에 희망이 생겼다니까요.

다 유누스 선생님 덕분이에요.

여러분이 노력한 결과죠.

풀 서클 펀드

가난한 사람들에게 필요한 것은 적선이 아니라 자립할 수 있는 환경입니다.

유누스가 빈민가를 변화시키는 모습을 보고, 미국의 여러 시민 단체들은 그라민 은행을 적극적으로 활용하자는 의견을 냈습니다.

그라민 은행에서는 자립할 수 있는 환경을 만들어 줘요.

빈민 지원 대책을 위한 세미나

미국에서도 그라민 은행을 본떠 가난한 사람을 지원하는 것이 어떨까요?

1989년에는 세계 여러 나라에 무담보 소액 대출을 권장하고, 그라민 은행의 운영 노하우를 전수하기 위해 그라민 트러스트 재단이 출범하기에 이르렀습니다.

1995년, 방글라데시 정부 종합 청사.

국제 은행에서 그라민 은행을 후원하고 싶습니다.

여기 17억 5천만 달러입니다.

필요한 곳에 써 주십시오.

그리고 그라민 은행은
이미 주택과 의료 서비스에
투자하고 있어요.

그라민 주택

그라민 양어 재단

그라민 의료 시스템

넉넉하지는 않지만
운영에 어려움은
없답니다.

오늘은 마음만
감사히 받겠습니다.

자신감이 충만해진
유누스의 마음은
구름 한 점 없는
하늘처럼
맑아졌습니다.

그라민 은행이 성공을 거두자 비슷한 목적을 가진 단체가 많이 생겨났습니다. 그중 1984년에 설립된 리절츠 재단의 대표 해리스는 유누스와 특히 마음이 잘 통했습니다.

사회가 발전하면서 부자와 가난한 사람의 격차가 더욱 커졌어요.

가난이 사라지기는커녕 점점 심해지고 있으니 문제입니다.

그러니까 더욱 강력한 대책이 필요해요.

하하하, 저와 생각이 같으시군요!

소액 대출 제도가 전 세계에 알려지면 좋으련만!

우리와 뜻을 같이하는 단체들의 모임을 만들면 어떨까요?

그거 좋은 생각입니다.

1997년 2월 2일, 미국의 수도 워싱턴에서 소액 대출 제도에 대해 논의하는 정상 회담이 열렸습니다. 유누스와 해리스의 주도 아래 열린 자리였습니다.

마이크로크레디트 제도에 대한 논의

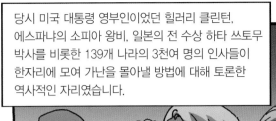

당시 미국 대통령 영부인이었던 힐러리 클린턴, 에스파냐의 소피아 왕비, 일본의 전 수상 하타 쓰토무 박사를 비롯한 139개 나라의 3천여 명의 인사들이 한자리에 모여 가난을 몰아낼 방법에 대해 토론한 역사적인 자리였습니다.

마이크로크레디트. 즉, 가난한 사람이 자립할 수 있도록 적은 돈을 빌려주는 소액 대출 제도는

경제적인 지원 이상의 의미가 있습니다. 그들에게 꿈과 희망, 자신감을 심어 주기 때문입니다.

의장 힐러리 클린턴

또한 서로 힘을 합쳐 돈을 갚음으로써 공동체의 중요성도 일깨워 줍니다.

위원장

이 제도가 자리 잡기까지는 많은 어려움이 따르겠지만, 우리는 절대 포기하지 않을 것입니다.

그라민 은행은 더욱 안정적으로 운영되면서 가난한 사람을 위한 다양한 사업을 했습니다.

그라민폰과 그라민텔레콤을 설립하여 가난한 사람이 싼 가격으로 통신을 이용할 수 있게 하였고, 4천 명이 넘는 사람들에게 일자리도 제공하였습니다.

1997년에는 가난한 사람도 체계적인 교육을 받을 수 있도록 '그라민 쉬카'라는 교육 기관도 세웠습니다.

2006년까지 그라민 은행은 가난한 사람들에게 60억 달러를 빌려주었습니다. 이 돈으로 자립에 성공한 사람은 660만 명이 넘습니다.

2006년에 그라민 은행은 방글라데시 7만 2천 개 마을에 2,200개의 지점과 1만 9천 명의 직원을 둔 큰 은행이 되었습니다.

전 세계가 인정한 은행가 **177**

그라민 은행이 설립된 지 30년 정도가 지난 2006년, 원금 회수율은 98퍼센트에 달했고, 현재는 2,500개가 넘는 은행 지점과 881만 명의 회원을 유지하게 되었습니다. 유누스가 시작한 무담보 소액 대출은 가난한 사람에 대한 사회의 편견을 무너뜨렸고, 빈민과 저소득층이 대출을 받을 수 있도록 했습니다.

사람에 대한 믿음을 바탕으로 가난한 사람들이 빈곤에서 벗어날 기회를 준 경제학자 무함마드 유누스. 그가 방글라데시의 작은 마을에서 시작한, 가난한 사람들을 위한 은행은 나라와 인종, 언어와 종교의 벽을 뛰어넘어 전 세계의 많은 이에게 희망을 주었습니다.

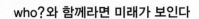

who?와 함께라면 미래가 보인다

어린이
진로 탐색

은행원

어린이 친구들 안녕?
무함마드 유누스 이야기 재미있게 읽었나요?

그렇다면 이제부터
무함마드 유누스가 꿈을 키워 가는 과정을 함께 되짚어 보며
그가 활동한 분야와 그 분야에 속한 다양한 직업에 대해
살펴봐요!

또한 여러분에게는 어떤 장점과 적성, 가능성이
숨어 있는지 찾아보면서
그것을 어떻게 진로와 연결시킬 수 있는지에 대해서도
알아봅시다!

그럼 지금부터
여러분이 멋진 꿈을 향해 나아갈 수 있도록 도와줄
진로 탐색을 시작해 볼까요?

자기 이해부터
진로 체험까지,
다양한 진로 탐색
활동을 시작해 봐요!

다른 사람을 도왔던
경험이 있나요?

무함마드 유누스가 방글라데시에서 학생들에게 경제학을 가르칠 때, 방글라데시에는
큰 기근이 들었어요. 많은 사람들이 먹을 것이 없어 죽는 것을 눈앞에서 본 유누스는
자신이 가르치는 경제 이론이 아무 소용이 없다는 사실에 충격을 받았지요. 유누스는
이들이 살고 있는 현장에 들어가 직접 사람들을 도왔어요.
여러분은 평소 다른 사람에게 도움을 주었던 적이 있나요? 어떤 경험이었는지, 그때
느낀 점에 대해서 적어 보세요.

* **다른 사람을 도왔던 경험**

----

* **그 경험으로부터 느낀 점**

어떤 목표가 있나요?

어린 시절 무함마드 유누스는 가난하게
사는 사람들을 보며 마음이 아팠어요.
가난을 없애지 않는 이상 힘든 삶에서
벗어나는 것은 불가능하다고 생각한
유누스는 경제학자가 되어 잘사는 법을
알아내겠다고 결심했지요. 이렇게 확실한
목표를 세운 유누스는 열심히 공부해서
다카 대학 경제학과에 수석으로 입학했고,
장학생으로 선발되어 미국에 유학도 갈 수
있었어요.

여러분도 목표가 있나요? 여러분의 목표는 무엇이고, 왜 그 목표를 세우게 되었는지
적어 보세요.

＊ **나의 목표:**

＊ **목표를 세우게 된 이유:**

금융과 관련한 일을 하는 사람을 알아보아요

금융은 돈을 유통하는 것으로, 이와 관련된 기업으로는 은행, 증권사, 보험사, 카드사 등이 있습니다. 무함마드 유누스 역시 은행을 운영하며 금융과 관련된 직업을 갖고 있었지요.

〈who?〉 시리즈의 다른 인물들 중 금융과 관련된 직업을 가진 사람이 또 있습니다. 바로 워런 버핏이에요. 무함마드 유누스와 워런 버핏을 비교해 보세요.

	무함마드 유누스	워런 버핏
직업		
어린 시절의 관심사		
대학에서 공부한 분야		
사람들의 존경을 받는 이유		

은행원이 하는 일은?

무함마드 유누스는 가난한 사람들을 도와주기 위해 그라민 은행을 세웠어요. 그라민 은행같이 특수한 은행이 아니더라도 은행은 우리 사회에 꼭 필요한 곳이에요.
은행에서 은행원이 하는 일로는 어떤 것들이 있을까요?

✳ 다음 중 맞는 것에 ○표, 틀린 것에 ×표를 해 보세요.

① 돈을 빌려줄 만한지 개인이나
   기업의 신용도를 확인한다.

② 나라의 경제 정책을 설계한다.

③ 고객에게 새로 나온 예금 상품을
   권한다.

④ 외국의 화폐를 우리나라의
   화폐로 바꿔 준다.

✳ 이 밖에도 은행원이 하는 일에 대해서 조사해 보세요.

· ─────────────────────────────
· ─────────────────────────────
· ─────────────────────────────

정답: ① ○ ② × ③ ○ ④ ○

진로
탐색
STEP 5

어떤 은행을 만들까요?

무함마드 유누스가 그라민 은행을 세운 것은 가난한 사람들을 위해서였어요. 그라민
은행은 일반 은행에서 대출을 받을 수 없는 가난한 사람들에게 돈을 빌려주어 그들이
자립할 수 있도록 도왔어요.
여러분이 직접 은행을 세운다면 일반적인 기능을 하는 은행을 만들고 싶은가요,
아니면 그라민 은행같이 독특한 특색을 갖춘 은행을 만들고 싶은가요?
여러분이 만들고 싶은 은행에 대해 적어 보세요.

✳ **은행의 이름:**

✳ **은행의 목적:**

✳ **내가 만든 은행이 하는 일:**

 •

 •

 •

 •

 •

한국은행 화폐박물관을 방문해요!

한국은행 화폐박물관 전경

한국은행 화폐박물관은 한국은행 창립 50주년을 맞아 문을 연 곳으로, 국민이 금융과 화폐 등 경제를 더 쉽고 재미있게 배우게 하자는 취지로 설립되었어요.

한국은행은 우리나라의 중앙은행이에요. 중앙은행은 일반 은행과 달리 화폐를 발행하고 금융 정책을 시행하는 특수한 역할을 해요. 서울시 중구에 위치해 있는 한국은행 건물은 일제 강점기에 완공되어 조선 총독부 청사, 경성 우체국 등으로 사용된 역사적 건물로, 사적 제280호로 지정되어 있답니다.

한국은행 화폐 박물관에는 국내외 화폐 4,500여 점을 포함해 다양한 유물이 전시되어 있어요. 전시를 통해 화폐의 제조 과정, 위조 화폐 알아내는 법, 국가 경제의 흐름, 한국은행의 설립 배경과 목적 등 다양한 금융 지식을 알 수 있어요. 또, 경제와 관련한 재미있는 게임도 해 볼 수 있어요. 방학 때는 '어린이 박물관 교실'을 개최해 박물관 체험 행사를 열기도 합니다. 한국은행 화폐박물관을 견학하며 우리 사회에서 은행이 갖는 중요성을 느껴 보세요.

한국은행 화폐박물관 전시실의 모습
ⓒ travel oriented

이용 안내

* **관람 시간**: 화요일~일요일 10:00~17:00
* **휴관일**: 월요일, 설 연휴 및 추석 연휴, 12월 29일~ 다음해 1월 2일
* **주소**: 서울특별시 중구 남대문로 39

무함마드 유누스

1940년		6월 28일, 영국령 인디아 벵갈 지방(지금의 방글라데시)에서 태어납니다.
1944년	4세	가족들과 함께 치타공으로 이사합니다.
1949년	9세	어머니가 정신병을 앓기 시작합니다.
1952년	12세	보이 스카우트 활동의 일환으로 인도 대륙을 횡단합니다.
1957년	17세	다카 대학 경제학과에 입학합니다.
1961년	21세	치타공 대학의 경제학과에서 학생을 가르칩니다.
1965년	25세	선진국의 경제학을 배우기 위해 미국으로 유학을 떠납니다.
1969년	29세	미국 미들테네시 대학의 경제학 조교수로 일합니다.
1972년	32세	방글라데시 치타공 대학 경제학과의 교수가 됩니다.
1974년	34세	대기근을 겪으며 경제학자가 할 일에 대해 생각합니다.

1976년	36세	조브라 마을에 그라민 실험 은행을 만들어 소액 대출을 시작합니다.
1978년	38세	빈민 구제에 기여한 공로로 방글라데시 대통령상을 수상합니다.
1982년	42세	그라민 실험 은행의 회원이 28,000명을 돌파합니다.
1983년	43세	정식으로 은행 허가를 받고 그라민 은행을 설립합니다.
1984년	44세	'아시아의 노벨상'이라 불리는 막사이사이상을 수상합니다.
1994년	54세	세계식량상을 수상합니다.
1995년	55세	'위대한 아시아인 20인'에 선정됩니다.
1997년	57세	저렴한 값으로도 통신 서비스를 이용할 수 있도록 '그라민폰' 서비스를 시작합니다.
2006년	66세	그라민 은행과 공동으로 노벨 평화상을 수상합니다.

찾아 보기

ㄱ
게오르게스쿠 35
고리대금업자 107
국경 없는 의사회 156
굿네이버스 159
그라민 은행 128, 155
그라민폰 131, 175

ㄴ
노벨 평화상 157

ㄷ
담보 98
대출 107

ㄹ
라마단 54, 126
라이베리아 79

ㅁ
무슬림 54
무지부르 라만 53
미소 금융 131

ㅂ
방글라데시 52, 82
부룬디 79
비정부 기구(NGO) 158
《빈곤의 종말》 102

ㅅ
세계 빈곤 퇴치의 날 105
세이브 더 칠드런 158

ㅇ
월드비전 156
유니세프 156
이드 54
이슬람 전통 54

ㅈ
장 지글러 103
제프리 색스 81, 102
짐바브웨 78

ㅋ
카슈미르 분쟁 52
카슈미르 42
코란 41
코피 아난 104
콩고 민주 공화국 78

ㅌ
타지마할 72

ㅍ
파키스탄 42, 52
푸르다 55, 108
플랜코리아 159

who? 한국사

초등 역사 공부의 첫 단추! '인물'을 알아야 시대가 보인다

● 선사·삼국 ● 남북국 ● 고려 ● 조선

01 단군·주몽	13 견훤·궁예	25 조광조	37 김정호·지석영
02 혁거세·온조	14 왕건	26 이황·이이	38 전봉준
03 근초고왕	15 서희·강감찬	27 신사임당·허난설헌	39 김옥균
04 광개토 대왕	16 묘청·김부식	28 이순신	40 흥선 대원군·명성 황후
05 진흥왕	17 의천·지눌	29 광해군	41 허준
06 의자왕·계백	18 최충헌	30 김홍도·신윤복	42 선덕 여왕
07 연개소문	19 공민왕	31 정조	43 윤봉길
08 김유신	20 정몽주	32 김만덕·임상옥	44 안중근
09 대조영	21 이성계·이방원	33 정여립·홍경래	45 유관순
10 원효·의상	22 정도전	34 박지원	46 을지문덕
11 장보고	23 세종 대왕	35 정약용	47 홍범도
12 최치원	24 김종서·세조	36 최제우·최시형	

※ who? 한국사(전 47권) | 대상 초등학교 전 학년 | 책 크기 188×255 | 각 권 페이지 190쪽 내외

who? 인물 중국사

인물로 배우는 최고의 역사 이야기

01 문왕·무왕	09 제갈량·사마의	17 주원장·영락제	25 루쉰
02 강태공·관중	10 왕희지·도연명	18 정화	26 장제스·쑹칭링
03 공자·맹자	11 당 태종·측천무후	19 강희제·건륭제	27 마오쩌둥
04 노자·장자	12 현장 법사	20 임칙서·홍수전	28 저우언라이
05 한비자·진시황	13 이백·두보	21 증국번·호설암	29 덩샤오핑
06 유방·항우	14 왕안석·소동파	22 서 태후·이홍장	30 시진핑
07 한 무제·사마천	15 주희·왕양명	23 캉유웨이·위안스카이	
08 조조·유비	16 칭기즈 칸	24 쑨원	

※ who? 인물 중국사(전 30권) | 대상 초등학교 전 학년 | 책 크기 188×255 | 각 권 페이지 190쪽 내외

who? 아티스트

최고의 명작을 탄생시킨 아티스트들을 만나다

● 문화·예술·언론·스포츠

01 조앤 롤링	11 김연아	21 강수진	31 우사인 볼트
02 빈센트 반 고흐	12 오드리 헵번	22 마크 트웨인	32 조성진
03 월트 디즈니	13 찰리 채플린	23 리오넬 메시	33 마리아 칼라스
04 레오나르도 다빈치	14 펠레	24 이사도라 덩컨	34 오귀스트 로댕
05 오프라 윈프리	15 레프 톨스토이	25 앤디 워홀	35 오리아나 팔라치
06 마이클 잭슨	16 버지니아 울프	26 백남준	36 프레데리크 쇼팽
07 코코 샤넬	17 마이클 조던	27 마일스 데이비스	37 시몬 드 보부아르
08 스티븐 스필버그	18 정명훈	28 안도 다다오	38 존 레넌
09 루트비히 판 베토벤	19 한스 크리스티안 안데르센	29 조지프 퓰리처	39 밥 말리
10 안토니 가우디	20 미야자키 하야오	30 프리다 칼로	40 파블로 피카소

※ who? 아티스트(전 40권) | 대상 초등학교 전 학년 | 책 크기 188×255 | 각 권 페이지 190쪽 내외

who? 인물 사이언스

기술로 세상을 발전시킨 과학자들의 이야기

● 과학 · 탐험 · 발명

01 알베르트 아인슈타인
02 스티븐 호킹
03 루이 브라유
04 찰스 다윈
05 제인 구달
06 장 앙리 파브르
07 마리 퀴리
08 리처드 파인먼
09 어니스트 섀클턴
10 루이 파스퇴르
11 조지 카버
12 아멜리아 에어하트
13 알렉산더 플레밍
14 그레고어 멘델
15 칼 세이건
16 라이너스 폴링
17 빌헬름 뢴트겐
18 벤저민 프랭클린
19 레이철 카슨
20 김택진

● 공학 · 엔지니어

21 래리 페이지
22 스티브 잡스
23 빌 게이츠
24 토머스 에디슨
25 니콜라 테슬라
26 알프레드 노벨
27 손정의
28 라이트 형제
29 제임스 와트
30 장영실
31 알렉산더 그레이엄 벨
32 카를 벤츠
33 마이클 패러데이
34 루돌프 디젤
35 토머스 텔퍼드
36 일론 머스크
37 헨리 포드
38 헨리 베서머
39 앨런 튜링
40 윌리엄 쇼클리

※ who? 인물 사이언스 (전 40권) | 대상 초등학교 전 학년 | 책 크기 188×255 | 각 권 페이지 180쪽 내외

who? 세계 인물

세상을 바꾼 위대한 인물들의 이야기

● 정치   ● 경제   ● 인문   ● 사상

01 버락 오바마
02 힐러리 클린턴
03 에이브러햄 링컨
04 마틴 루서 킹
05 윈스턴 처칠
06 워런 버핏
07 넬슨 만델라
08 앤드루 카네기
09 빌리 브란트
10 호찌민
11 체 게바라
12 무함마드 유누스
13 마거릿 대처
14 앙겔라 메르켈
15 샘 월턴
16 김대중
17 드와이트 아이젠하워
18 김순권
19 아웅산수찌
20 마쓰시타 고노스케
21 마하트마 간디
22 헬렌 켈러
23 마더 테레사
24 알베르트 슈바이처
25 임마누엘 칸트
26 로자 룩셈부르크
27 카를 마르크스
28 노먼 베쑨
29 이종욱
30 존 메이너드 케인스
31 마리아 몬테소리
32 피터 드러커
33 왕가리 마타이
34 마거릿 미드
35 프리드리히 니체
36 지크문트 프로이트
37 존 스튜어트 밀
38 하인리히 슐리만
39 헨리 데이비드 소로
40 버트런드 러셀

※ who? 세계 인물 (전 40권) | 대상 초등학교 전 학년 | 책 크기 188×255 | 각 권 페이지 180쪽 내외

who? 스페셜 · K-pop

아이들이 가장 만나고 싶고, 닮고 싶은 현대 인물 이야기

스페셜

● 유재석
● 류현진
● 박지성
● 문재인
● 안철수
● 손석희
● 노무현
● 이승엽
● 손흥민
● 추신수
● 박항서
● 박종철 · 이한열
● 노회찬
● 봉준호
● 도티
● 홀트부부
● 페이커
● 엔초 페라리&
  페루치오 람보르기니
● 제프 베이조스
● 권정생
● 김연경
● 조수미
● 오타니 쇼헤이
● 킬리안 음바페
● 김민재
● 이강인
● 임영웅
● 아이브
● 문익환

K-pop

● 보아
● BTS 방탄소년단
● 트와이스
● 아이유
● 블랙핑크

※ who? 스페셜 · K-pop | 대상 초등학교 전 학년 | 책 크기 188×255 | 각 권 페이지 190쪽 내외